# 究極のあんこを炊く

## 職人技と調理科学の融合

芝崎本実

女子栄養大学出版部

# はじめに

小さな粒一つ一つに美しい輝きを宿す小豆《あずき》。

8世紀に書かれた『古事記』の中に小豆が生み出されたとされる神話をご存じですか。五穀の神とされるオオゲツヒメノカミが、小豆を含む様々な穀物を授けてくれたと書かれています。小豆は神様が生み出した神聖な食材とされ、私たちの人生における様々な節目に寄り添い、より豊かな生活を祈願する食べ物でもあります。中国からの言い伝えでは、小豆の赤色は厄よけの力を持つ特別な色とされていました。その小豆をやわらかく煮て、甘味を加えたあんこは、室町時代以降に考案された日本独自の製法です。あんこは、江戸時代に大成してから、数百年の時を経た今でもほとんど変わっていません。

あんこは豆を洗い、水といっしょに加熱し、アクが出たら水をとりかえて、豆がやわらかくなったら砂糖を入れて煮詰《つ》めるだけです。しかし、職人の視点からは、小豆の選別から始まり、煮熟、びっくり水に渋きりなど、それぞれのプロセスに名前があり、意味があります。

この本のカバーの木べらの上にある小豆を見ると、しわが寄っています。びっくり水のプロセスで見せる小豆の姿です。これから水をたくさん吸収して、約2～2.5倍にふくらむぞ！という意気込みを感じますよね。その後、アクをとり除き、加熱しながらあん粒子である呉を分離、加糖してあんこになるまでは、時間がかかるものの、刻一刻とあんこへと変化する過程は興味深いです。こしあんは特に、手間がかかるので、なめらかな質感と藤紫色の瑞々しいあんこができるととてもうれしく、たいせつに食べる気持ちまで生まれます。

本書では、和菓子職人の経験と調理科学の視点から、あんこ作りのプロセスを写真とともに製あんの科学的な知見と合わせて、あんこの作り方を掲載しました。プロセスの中には、あんこの味や食感にどのような影響があるのか、実際に実験して検証した結果も記載しました。その中で、プロセスを足し算引き算して製あんすることができることがわかりました。それは製あんの簡便化や、よりおいしく、美しい究極のあんこを求めることにもつながります。

そのあんこに私が魅了されたのは、おそらく子どものころに食べたおはぎや大福、団子。きれいな和菓子も好きでしたが、気どらないもち菓子はあんこたっぷりで、おなかも心も満たしてくれます。

一年の始まりから、ごはんがもちになり、甘いしるこにお漬物が添えられ、甘くてしょっぱい味を楽しみながら、新年を祝いました。春の彼岸には、お供え物のぼたもちを買って、いつ口にできるかワクワクしていました。桜が満開になると桜もちがおやつになり、塩けのきいた皮と甘いあんこが合うことを知りました。知らず知らずのうちにおやつは柏もちの季節に。秋の夜長には月見団子をこんがり焼いて、あんこをつけて食べる。赤くて奇妙な赤飯を嫌っていましたが、中学生になるころには、お祝い事に家族でめでたい話をしながら赤飯を食べることが大好きになりました。季節や人生の節目に家族が食べさせてくれた和菓子や小豆を使った料理が、私の思い出を色濃くし、忘れない記憶にしてくれました。

私は、専門学校で和菓子に魅了される道を歩みます。練り切り生地に色をつけ、春夏秋冬、花鳥風月をかたどる職人の技術に釘《くぎ》づけに。和菓子職人になったときのうれしさは今でも忘れられません。あんこをもちで包む。草団子にあんこをのせる。水ようかんの型から出すときの潔い動き。ようかん包丁で整然と同じサイズに切られた美しさ。しかし、当時は職人の勘に頼る製法が多く、どうしたらもっと早く技を身につけられるのか自問自答していました。そこで、大学で学び直す機会を得て、出会ったのが調理科学です。

和菓子製法を科学的に考えることで、職人の勘が数値化できたり、材料を加える塩梅《あんばい》やタイミングがわかったりするようになり、自分でも様々な和菓子を作り、創作することができるようになりました。それを教えてくださったのが本書で官能評価を監修してくださった松本仲子先生です。「あなたは家庭でもじょうずに簡単に作れる和菓子を教えればいいわよ」の一言をいただいたのがきっかけで、和菓子職人と研究者の二足のわらじをはくことを決めました。

女子栄養大学大学院の研究室では、いつも指導教授の松本仲子先生と研究室の先輩、ときには出版部の編集さんと甘いものを食べながら、学術的な話をおもしろおかしく、大笑いしながら話していました。この時間がどれほど私の知識欲を満たしてくれたことでしょう。今ではそのメンバーと大笑いの会と称して20年以上の交流があり、本書にも協力くださり、私にとって記念となる本を作ることができました。

数多くのあんこやあんこを作る工程の写真を美しく撮影し、すてきなデザインと編集で、あんこの奥深さや魅力を伝えられるこのような本にしてくださったスタッフの皆さんに感謝しています。それに、私の研究室のゼミ生が実験で、あんこを何十回も作り続けて、おいしいと笑顔で食べてくれる姿を見て、あんこの将来は明るいと思わせてくれました。

夜な夜なあんこを自宅で炊き、原稿書きで朝方まで仕事をする姿を見て、心身だけでなく、家事を支え、応援してくれた家族にも感謝です。

そして、あんこ職人のすばらしい技に改めて尊敬の念を表します。1人でも多くの方が私のようにあんこの世界に魅了され、本書を参考に自分なりの究極のあんこに出会ってくれることを願っています。

芝崎 本実

# もくじ

## 4章 究極のあんこを楽しむ 四季折々の和菓子

### 春



### 夏



### 秋



### 冬



## 5章 あんこ雑学



## 6章 芝崎本実さんおすすめの全国のあんこの銘菓



### 実験・検証

# 材料一覧

## 《小豆《あずき》・豆類》

### [歴史]

古くから日本人の生活と密接なかかわりを持つ小豆。原産地は東アジアとされ、日本における文献上の最古の記録は、8世紀に書かれた『古事記』とされている。小豆の種が日本で発見されたのは、縄文時代中ごろから古墳時代といわれているため、すでに3世紀ごろには中国、朝鮮半島を経て日本に伝わったと考えられている。中国では、古くから小豆の皮の赤い色は「陽」で太陽や火としてとらえ、災いや邪気である「陰」を封じるものとされてきた。その風習が日本に伝わり、無病息災や厄除《よ》けを祈願する行事に赤飯やおはぎなど、小豆を使った料理が食べられるようになったといわれている。

### [生産地]

小豆の主な国内生産地[※1]の中では北海道が最も生産量が多く、次いで京都府や兵庫県、岡山県などで多く栽培されている。北海道の寒暖の差で

※1／R6農林水産省「令和6年産小豆、いんげん及びらっかせい（乾燥子実）の作付面積」
https://www.maff.go.jp/j/tokei/kekka_gaiyou/tokutei_sakumotu/r5/syukaku_mame/index.html
※2／堀尾拓之、越後瞳「あずきの歴史と栄養」、名古屋経済大学自然科学研究会会誌 第49巻　第1・2号
※3／https://www.jstage.jst.go.jp/article/bimi/18/1/18_24/_pdf

小豆は良質なでんぷんを蓄え、豊満な粒となり、長い日照時間は小豆に美しい色を与えてくれる。また、肥《ひ》沃《よく》で広大な土地があるため、輪作による作付が効率よくでき、良質な小豆を育てることができる。

## ［分類］

小豆は、百粒重[※2]（実を用いる農産物の品質の指標。実100粒の重さのこと）で大きさを表わすことが多く、小粒は10・0〜14・0g、中粒は14・1〜17・0g、大粒は17・1g以上に分け、流通時は小粒と中粒を普通小豆、大粒を大納言としている。

## ［品種］

### ・小豆

普通小豆は、エリモショウズ、きたろまん、きたのおとめ、しゅまり、サホロショウズなどがある。北海道産の普通小豆の中でも、選りすぐりの大粒の小豆は、「豊祝《ほうしゅく》」というブランド名で販売されることがある。

**【エリモショウズ】**

中粒（百粒重15・5g[※3]）で種皮はやわらかく、短時間でむらなく煮え、小豆の香りや味も強いのが特長。煮るとほくほくとした食感があるため、粒あんやこしあんに適する。

**【きたろまん】**

2005年に開発された新しい品種で、小豆全体では最も多くの作付面積を占めている。中粒（百粒重16・7g）でもやや大きめでふっくらしてつやがある。小豆の香り、こくや甘味が強く、色が美しい。ポリフェノール含有量がほかの小豆に比べて多いともいわれている。

**【きたのおとめ】**

中粒（百粒重15・5g）で「エリモショウズ」を改良し、病気に強くなった新しい品種。薄紫色の美しいあんこが炊ける。

### ・大納言

大粒で、煮たときに皮が破れにくい特長を持つ特定の品種で、とよみ大納言、アカネダイナゴン、ほまれ大納言、丹波大納言などがある。名前の由来は、皮が破れにくく、いわゆる「腹切れ」が生じにくいため、切腹の習慣がない公卿《くぎょう》の官職である「大納言」と呼ばれるようになったといわれている（諸説あり）。大粒で見映えがよく、煮くずれしにくいうえに皮がやわらかく仕上がるため、甘納豆や小倉あんなど、粒の形を残したまま利用する用途に使われる。

**【丹波春日大納言】**

丹波大納言発祥の地、春日地方（現在の兵庫県丹波市春日町）で作られる大納言。大粒（百粒重30・0g）で豆の形が俵形、皮の色は濃赤色で、薄くても破れにくく、甘味が強く、上品な味わいが特長である。栽培に手間がかかり大量生産に向かないことから「幻の小豆」と呼ばれている。

## ［新豆］

小豆は収穫した年や保管日数によっても品質の変化が見られる。新豆は「その年にとれた豆」のこと。豆の香りが強く、皮もやわらかいため、古い豆より早く炊ける品種もある。豆の旬《しゅん》を味わえるあんこが楽しめる。

**新豆の出回り期**

**10月上旬**　東北〜九州産小豆・大納言
**11月上旬**　北海道産小豆・大納言小豆・手亡豆・大福豆・青えんどう豆・赤えんどう豆
**12月**　丹波春日大納言

## ［輸入小豆］

海外産の小豆は、中国、韓国など東アジア、近年は北米や南米、オーストラリアでも栽培されている。しかし、東アジア以外では小豆を食べる習慣がないため、北米・南米・オーストラリア産は主に日本への輸出用で栽培されている。そのほか、海外産の小豆の輸入量はカナダに次いで中国が多く[※4]、アメリカやオーストラリア、アルゼンチンなどからも輸入されている。

### 【カナダ産小豆】

カナダの小豆栽培地は、北海道と緯度がほぼ同じで気候が似ており、広大な土地がある。さらに、カナダの栽培品種は、北海道産の「エリモショウズ」の種を使ったとされているため、品質は日本産に似ているといわれている。

### 【アルゼンチン産小豆】

小豆を食べる習慣がなかった国だが、1990年代に日本から「宝小豆」[※5]の品種が持ち込まれ、栽培が始まったとされる。近年では、「エリモショウズ」も栽培され始め、化学肥料や農薬を使わない有機栽培の農法で生産されたものが日本にも輸出されている。皮の色、あんこの色ともに暗赤色で、渋味が強いため、渋きりや水さらしの作業をしっかり行なう。

### 【中国産小豆】

中国の河北省や山東省の地域では日本で「天津小豆」や「山東小豆」と呼ばれる小豆が栽培[※6]されている。皮の色は粒によって濃淡が見られ、渋味が強いため、製あん時は渋きりや水さらしの作業をしっかり行なう。

## ［えんどう豆］

日本には、9〜10世紀ごろの奈良時代に遣唐使によってもたらされたといわれている。明治時代には、アメリカやヨーロッパから様々な品種が持ち込まれた。国内産の小豆はほとんどが北海道で生産されている。

青えんどう豆は、熟す前の「グリーンピース」の完熟した豆のことで、実の色が緑色で、豆独特の香りや緑色の美しさをいかし、大部分がうぐいすあんの原料や甘納豆となる。

皮の色味を出すために塩ゆでする。

皮ごと食べる粒あんを作る場合は、重曹を煮汁に加えて炊くと皮がやわらかくなり、食べやすくなる。

## ［手《て》亡《ぼう》豆］

明治時代に北海道の十勝地方で栽培され始め、急速に普及した。いんげん豆の一種で、楕円形で皮の色が黄白色、小豆の約2倍の大きさがある。姫手亡、雪手亡、絹手亡などの品種があるが、手亡と総称されることが多い。皮がやわらかく、火が通りやすく、でんぷん粒の大きさが小豆よりやや小さいため、舌ざわりがなめらかである。甘納豆などに用いるが、大部分が白あんの原料となる。

※4／田澤暁子「小豆品種の特性と高品質栽培のための留意点」あぐりぽーと（2009）p6
https://www.hokuren.or.jp/common/dat/agrpdf/2014_0317/1395037959I521954640.pdf
※5／萱野由裕「小豆の流通動向について」(2022) 公益財団法人日本豆類協会、豆類時報107、p2-5
https://www.mame.or.jp/Portals/0/resources/pdf_z/107/MJ107-02-GJ.pdf
※6／石川幸彦「3.世界のアズキの事情」北海道立総合研究機構p77-96
https://www.hro.or.jp/upload/23416/azuki06.pdf

## 《砂糖類》

### グラニュー糖

上白糖より結晶は大きいが、光沢があり、サラサラとした細かい粒子状で、白双糖より溶けやすい。純度が高いのでアクが少なく、上品であっさりした甘味。

製あんや琥珀羹《こはくかん》などの寒天を透明に仕上げたいときや素材の味を引き立たせる様々な和菓子に使われる。

### 白《しろ》双《ざら》糖（ざらめ糖）

グラニュー糖より結晶が大きいキラキラとした光沢のある粒状で、ショ糖がほぼ100%と純度が高いのでアクが少なく、上品であっさりとしてサラッとした甘味。

上等なあんこを作るときや時間をかけて豆に砂糖を浸透させる甘納豆などに使われることが多い。

### 上白糖

日本で調理用に最も一般的に使われている砂糖。ブドウ糖と果糖でできている転化糖を少量含む。粒子が細かいため溶けやすい。甘味が強く、こくがある。吸湿性が高いので生地がしっとり仕上がる。

和菓子では、溶けやすさから砂糖ぶし※が出にくいため、焼き物（どら焼き、焼きまんじゅうなど）や蒸し物（まんじゅう、浮島など）に使われることが多い。

### 三温糖

上白糖を作る過程でできる糖液から作る。上白糖より純度が低く、薄茶色をしている。独特の風味とこくがあり、アクの強い甘味がある。

黒砂糖を使ったまんじゅうや蒸しカステラなどに使うことが多い。

### 黒砂糖（黒糖）

砂糖きびから搾った糖液を精製せずに糖蜜とともにかためたもの。褐色でアクが強く、独特の風味があり、こくのある甘味が特徴。

利休まんじゅうやようかん、かりんとう、黒蜜などに使われる。九州や四国、沖縄地方の郷土菓子には、黒砂糖を使ったものが多い。

### 粉砂糖（粉糖、パウダーシュガー）

白双糖やグラニュー糖を微粉状に粉砕したもの。サラサラとして細かい粉末状なので、湿気を吸収してすぐかたまってしまう。近年は、焼き菓子の仕上げに使う粉砂糖はでんぷんを加えてしけらないものを使うことが多いが、雲平生地、すり蜜などに使う粉砂糖は砂糖のみの粉砂糖を使う。

### 水あめ

でんぷんから作られる甘味料。市販品はほぼ、でんぷんに酸を使って糖化させた酸糖化あめ。透明で甘味は砂糖の約半分と軽い甘さ。つや、粘り、吸湿性があり、焼き色がつきやすい。砂糖の結晶化を防ぐ効果があり、あんこやようかんなど、糖度の高い和菓子の仕上げに加えることが多い。

### はちみつ

ミツバチが草木の花から蜜を採取し、巣に蓄えた蜜を精製したもの。採取した花によって香りや味や色が違う。砂糖より甘味が高く、保湿性がある。

寒天や、焼き色やつやを出したい焼き菓子などに砂糖とともに使う。

※砂糖ぶし／砂糖が生地に溶けず、加熱した際にそのまま粒状に残り、生地に斑点ができ、見映えが悪い。

# 《粉類》

## 白玉粉（寒ざらし粉）

原料はもち米。もち米を洗い、水に浸したのち、水とともに細かくすりつぶし、水にさらしたあと、脱水・乾燥させた生粉製品。粉に水を加えながら、菓子に合わせた生地のかたさに調整したものをゆでたり、蒸したりなどして加熱する。

でんぷんは、アミロペクチンのみのため、老化（36ページ参照）しにくく、かたくなりにくい。

生地の粘りが強く、やわらかいため、成形しやすい。さらに、白くてつやと弾力のあるきめ細かいなめらかな生地となる。

卵白や白あんを加えて、弾力や歯切れを付与した雪平生地は、上生菓子として細工しやすい生地である。白玉団子、ぎゅうひ、うぐいすもち、練り切り、大福、桜もち（関東風）などに使う。

## 道明寺粉

原料はもち米。もち米を洗って水に浸し、脱水したのち蒸してから乾燥させ、砕いた糊化《こか》製品。もち米1粒の割れ方によって粒の大きさがあり、丸（1粒のまま）、四つ割、五つ割などがあり、吸水率が異なるため、水やぬるま湯、熱湯に浸して充分もどしたり、水と合わせて加熱したりするなど、加水量を調整する。

着色の作業を省ける色つきの道明寺粉も販売されている。

粒々感があり、みずみずしく、もっちりとした生地になる。

桜もち（関西風）や椿《つばき》もち、おはぎ、道明寺粉を寒天液に浮かせたみぞれ羹などに使われる。

## 上新粉

原料はうるち米。うるち米を洗って乾燥させ、細かくひいた生粉製品。さらに細かな粒度の米粉では「上用粉」もある。

粉にぬるま湯または熱湯を加えて、でんぷんの一部を糊化させると粘りがでてまとまりやすくなる。

でんぷんは、アミロース20％、アミロペクチン80％程度の割合で含まれており、もち米を使った米粉より老化（36ページ参照）しやすい。

白くて、しこしこした歯ごたえで弾力のある生地になる。

団子、すあま、柏もち、草もち、薯蕷《じょうよ》まんじゅうの皮などに使う。

## 薄力小麦粉

軟質小麦を製粉したもの。たんぱく質の含有量が少なく、グルテン質が弱いので、軽い仕上がりになる。

桜もち（関東風）、どら焼き、きんつば、浮島、カステラなどに使う。

## かたくり粉

本来は、ユリ科のカタクリの地下鱗茎《りんけい》からとったでんぷんのこと。現在では、市販品のほとんどがじゃが芋のでんぷんで代用している。

和菓子作りでは、とり粉や手粉として使うことが多い。

# 《そのほか》

## 棒寒天

「寒天」は「寒ざらしところてん」の略。江戸時代に日本人が考案したとされ、寒暖の差がある地域で生産されていた。てんぐさなどの海藻を煮溶かして濾《こ》し、長方形にして凍結乾燥させた天然寒天。

使う前に水で充分ふやかしたあと、加熱して煮溶かし、濾したものを使う。常温でかたまる。なめらかな食感と弾力があり、透明度が高い。

ところてんやようかん、琥珀羹《こはくかん》などに使われる。

## 粉寒天

てんぐさなどを煮溶かして濾したものを機械で粉末にした工業寒天。棒寒天に比べてかたまる力が強いが、弾力や透明度が低い。常温でかたまる。ふやかさずに水を加えたらすぐに加熱することができ、手軽に使える。沸騰させて、1分以上は加熱して溶かす。

寒天ゼリーやつや出し寒天など様々な用途で使うことができる。

## 大和芋

なめらかな食感と上品な白さが特長。生地に加えて加熱すると膨張する。すりおろしたり、蒸して裏漉ししたりして用いる。薯蕷まんじゅうや上用羹《じょうようかん》などに使う。

## ベーキングパウダー（ふくらし粉）

膨張剤。重曹を主体とし、酸性とアルカリ性の膨張剤を数種類配合したもの。加熱すると二酸化炭素が発生して生地を全体的にふくらませる。生地に苦味やにおいが残らない。

## 重曹（炭酸水素ナトリウム、重炭酸ナトリウム、重炭酸ソーダ）

膨張剤。膨張率が高く、生地を横にふくらませる力を持つ。水に溶いて使う。小麦粉のフラボノイド色素と反応して、生地が黄色くなったり、多少の苦味とにおいが残ったりすることがある。

## 食用色素（赤、青、黄）

石油由来のタール色素などで作られた人工色素。酒か水に溶いて使う。少量で色がつくため、色を見ながら少しずつ加えて調整する。色を組み合わせて好みの色を作る。

和菓子屋では保存性やアルコールへの色素粉末の溶けやすさなども考えて日本酒を使うこともある。

天然食用色素もあり、クチナシは黄や緑、スピルリナは青、ベニコウジやビートレッドは赤、そのほかに、茶褐色のカカオ色素などがある。しかし、耐熱性が低く、生地や副材料によって色が退色したり、変化することがある。

## 塩

甘味に塩を少量加えることで、甘味を強める対比効果がある。あんこにほんの少量使うことがある。

## 抹茶

茶の葉を蒸して、もまずに乾燥させ、粉末状にひいたもの。茶として飲む以外に、菓子の風味づけなどに使う。熱を加えると色があせて香りが飛ぶので、熱を加えすぎないように注意する。

寒天、ようかん、練り切り、浮島のほか、あんこや生地に混ぜたり、菓子の上からふりかけたりなど、用途は様々である。

和風の雰囲気と味わいで近年人気。

## ごま

白ごま、黒ごま、金ごまなどの種類があり、それぞれ色味や味わいが異なる。

煎《い》ってから使う。煎りごまのほか、切りごま、すりごま、練りごまなどさまざまな状態にして使う。

州浜や落雁《らくがん》などの干菓子に加えたり、求肥《ぎゅうひ》や団子、おはぎにまぶしたり、あんこや生地に混ぜたり、菓子の上からふりかけたり、甘いごまだれにしたり、用途は様々である。

## きな粉

大豆を焦がさないように煎ってからパウダー状にしたもの。香ばしい香りが特徴。

求肥や団子、おはぎにまぶしたり、あんこや生地に混ぜたり、菓子にふりかけるなど、用途は様々である。

## けしの実

ごく小さな粒状で、煎ると香ばしい香りがし、独特の食感と味わいがある。白と黒のけしの実がある。

求肥や団子にまぶしたり、焼き菓子にのせて焼いたり、菓子のまわりにまぶしたりする。栗まんじゅう、けしもち、ゆべし、練り切りなどに使う。

けしの実を使ったごく薄い焼き菓子「松風」が有名。

### 桜の葉の塩漬け

「大島桜」という品種の若い葉をゆでて、塩漬けにしたもの。水に浸して塩抜きをしてから使う。

独特の強い香りが特徴で、桜もちや葛《くず》桜、水ようかんなどに使う。

### 桜の花の塩漬け

「関山」と「普賢象」という品種の八重桜の花を塩漬けにしたもの。水に浸して塩抜きをしてから使う。桜の花1輪または、花びらのみを使う場合がある。

塩抜きをして湯を注いだ桜茶（桜湯）は、桜の花びらが開く様子が美しいので、縁起がよいとされる。

桜を使った寒天ゼリーや花見団子、まんじゅうやようかん、シロップなどに使う。

### 柏の葉

乾燥品とゆでたものとがある。ゆでたものは水で洗うだけで使えるが、乾燥品は熱湯でゆでて水にさらしてから、柏もちに使う。

端午の節句に食べる柏もちやちまきで使われる柏の葉は、新芽が出るまで古い葉が落ちないという特性から、新芽を子ども、古い葉を親に見立て、子孫繁栄を示す縁起のよいものとして江戸時代から定着した。柏もちに使う葉は、関西以西ではサルトリイバラの葉、奄美大島から沖縄ではゲットウ（月桃）の葉が使われる。いずれも表面に凹凸がなく、もちがつきにくい。

### サルトリイバラの葉

九州、四国、中国、関西などでは柏もちや草もちに、宮崎県や鹿児島県では郷土菓子のかからん団子などに使う。

サンキライ、イギノハ、イバラなどとも呼ばれる。柏の葉と同様のいわれがあり、縁起がよいとされる。

# 1章 あんこの炊き方と実験・検証

和菓子の職人技と調理科学の見識から、
1～15の製あん工程の意味とポイントを解説します。
また、それぞれの製あん工程が、
あんこにどのような影響を与えるのか、
またはその工程がおいしいあんこを作るのに
必要な作業かどうかなどを実験・検証しました。

## 製あん工程・実験フローチャート

| | |
|---|---|
| | 1 原料豆を選別する<br>実験1 国産と海外産の小豆《あずき》で製あんしたあんこの違い |
| | 2 豆を洗う・浸漬<br>実験2 小豆の浸漬温度の適温は？<br>実験3 小豆を煮るのに、浸漬は必要か |
| 前炊き<br>豆を炊いてふっくらと水分を含ませる | 3 煮《に》熟《じゅく》<br>↓5分後 |
| | 4 びっくり水（しわ伸ばし水）（水温20℃）1回目<br>実験4 びっくり水は必要か<br>↓5分後 |
| | びっくり水（しわ伸ばし水）（水温20℃）2回目<br>↓5分後 |
| | びっくり水（しわ伸ばし水）（水温20℃）3回目<br>↓5分後 |
| | 5 渋きり<br>実験5 渋きりは必要か |
| 本炊き<br>火加減の調節をしながら炊き上げる。 | 6 本煮（本炊き）<br>↓15分後 |
| | 7 差し水（水温20℃）1回目<br>実験6 差し水は必要か<br>↓15分後 |
| | 差し水（水温20℃）2回目<br>↓10分後 |
| | 差し水（水温20℃）3回目<br>↓10分加熱 |
| 生あん | 8 皮と呉を分離する（あんずり） こしあんのみの工程。粒あんは不要。 |
| | 9 水さらし 1回目<br>実験7 水さらしは必要か |
| | 水さらし 2回目 |
| | 10 脱水 こしあんのみの工程。粒あんは不要。 |
| あん炊き | 11 加糖<br>実験8 どの種類の砂糖があんこに好まれるか |
| | 12 煮詰《つ》め<br>↓15分 |
| | 13 炊き上がり |
| | 14 冷まし方<br>実験9 あんこの適当な冷まし方 |
| | 15 保存方法 |

## 実験１～10の実験条件、評価基準、統計分析

### 実験条件（製あん方法）

50ページの究極の粒あんのレシピと同様の製法。

小豆（エリモショウズ）150gに対して実験した。

### 官能評価

人間の感覚を用いてものの品質などを判定する検査。パネル（評価者）16人（20～22歳、女子学生）に対して、調製したあんこ３～４種を試料とし、実施。パネルの人数を（n=○）で示した。

あんこは、粒あんを試料とし、それぞれ 10gをカップに入れ、室温（25±３℃）で提供。

評価項目は、小豆の香り、小豆皮のかたさ、あんこの口中でのべたつきはそれぞれ「とても弱い～とても強い」、あんこの色、あんこのかたさ、小豆皮の残りぐあい、あんこの甘さ、あんこの甘さの後味、総合評価はそれぞれ「とても好ましくない～とても好ましい」とし、これら９項目について－３～３点の７段階の評点法で評価した。

－３ とても好ましくない・とても弱い
－２ 好ましくない・弱い
－１ やや好ましくない・やや弱い
　０ 普通
　１ やや好ましい・やや強い
　２ 好ましい・強い
　３ とても好ましい・とても強い

### 統計分析

統計処理ソフト「SPSS29.0.2」（IBM社）を用いた。２群間の差の比較には対応のない検定を、３群以上の差のときには対応のない一元配置分散分析を行なった。有意水準は５％で検定を行なった。グラフに有意差を＊で示した。有意差がない場合は、(n.s.)と表記した。

### かたさとべたつき

セル（直径30㎜×15㎜）にすりきりまであんこを入れ、レオナー（㈱山電）を用いて室温（25±２℃）でテクスチャー測定を行なった。直径16㎜の円柱状のプランジャーで、速度５㎜/sec、ひずみ率50％、圧縮回数２回、クリアランス３㎜の条件で各試料10回測定し、平均値で示した。本書では付着性を「べたつき」と表現した。

### 「こしあん」と「粒あん」について

「こしあん」は、小豆の皮をとり除き、渋きりや水さらしなどをして余分な渋味や苦味を洗い流し、加糖して練り上げたあんこのこととした。本書での「粒あん」は、「つぶしあん」にあたる。小豆の粒を部分的につぶしているためだが、小豆の粒感を少し残していることと、「粒あん」のほうが通常よく使われる名称のため、これを呼び名とした。

作り方

# 1

粒あん
こしあん

# 原料豆を選別する

**小豆《あずき》は粒の大きさをある程度そろえ、石豆、ひね豆、虫食い豆、割れた豆などをとり除く。**

## 【ポイント】

### 小豆の品種と産地を知る

小粒と中粒を普通小豆とし、大粒を大納言小豆としています（写真A）。

普通小豆は、エリモショウズ、きたろまん、きたのおとめ、しゅまり、サホロショウズなどがあります。北海道産の普通小豆の中で特に大きい小豆は、「豊祝」というブランド名で販売されることがあります。

近年で日本への小豆の輸入量が多い国は、カナダ、アルゼンチン、中国などです。それぞれ色やかたさ、味わいが違います（17ページ写真参照）。

小豆は品種や産地が様々なので、それぞれの特徴を知り、それに合った製法で製あんするとよいでしょう（産地と品種の詳細は６～８ページ参照）。

### よい豆の選び方

形／俵形で均等な形。色／濃い小豆色。光沢／しわがなくつやがある（写真B）。新豆／その年にとれた豆。豆の香りが強く、皮もやわらかいため、古い豆より早く炊ける品種もある。

### 石豆、ひね豆、虫食い豆、割れた豆はとり除く

石豆は水に浸しても膨潤や糊化《こか》させるだけの水がでんぷんに浸潤しないため、水煮してもかたいままです※。粒あんで混入した場合、口当たりの悪いあんことなります。また、ひね豆や虫食い豆、割れた豆などは、味わいが劣る仕上がりになります。煮る前にこれらの状態の悪い豆を選別してとり除きましょう（写真B）。

左：小豆。右：大納言小豆。

左：選別したよい豆。右：とり除いた悪い豆。石豆は暗赤色でしわが寄り、縮んでいる。

※中澤洋三、水島里穂、南和広、相根義昌「煮小豆中のゴム豆および石豆発生の一要因」日本食品保蔵科学会誌46、3、p.111―114（2020）
https://agriknowledge.affrc.go.jp/RN/2030935652.pdf

# 実験・検証

## 【実験1】国産と海外産の小豆で製あんしたあんこの違い

## 【検証結果】それぞれの特徴があり、それに合った製法で製あんするとよい

　国産と輸入量が上位のカナダ、アルゼンチン、中国産の小豆で製あんしたあんこ（粒あん）を比較しました（図）。

　色調は、アルゼンチン産が、最も明度が高い結果でした。

　色差計で測定した彩度は、国産がやや赤みの強い藤紫色、カナダ産と中国産は黄みが強い紫色でした。アルゼンチン産は赤褐色を示し、ほかとは異なる色調で、低評価でした。

　官能評価では、アルゼンチン産は、色の好ましさは普通ですが、ほかの豆より低い評価でした。一方でカナダ産は、色や小豆皮の残りぐあいは評価が高く、その特徴が総合評価にかかわっていました。産地ごとに違うあんこのかたさが、官能評価の嗜好性《しこう》にも影響することが示されました。

　カナダ産は小豆皮のかたさは弱く、ほかの豆よりやわらかいと評価されています。総合評価は、国産よりカナダ産のほうが好ましいと評価されつつ、ほかのあんこも「普通」以上「やや好ましい」との評価でした。

　結果、国産以外の小豆でも豆の特徴を生かした製あんを行なうことで（下記）、嗜好性の高いあんこを作ることができると示されました。

**図　小豆の産地別のあんこの官能評価結果**

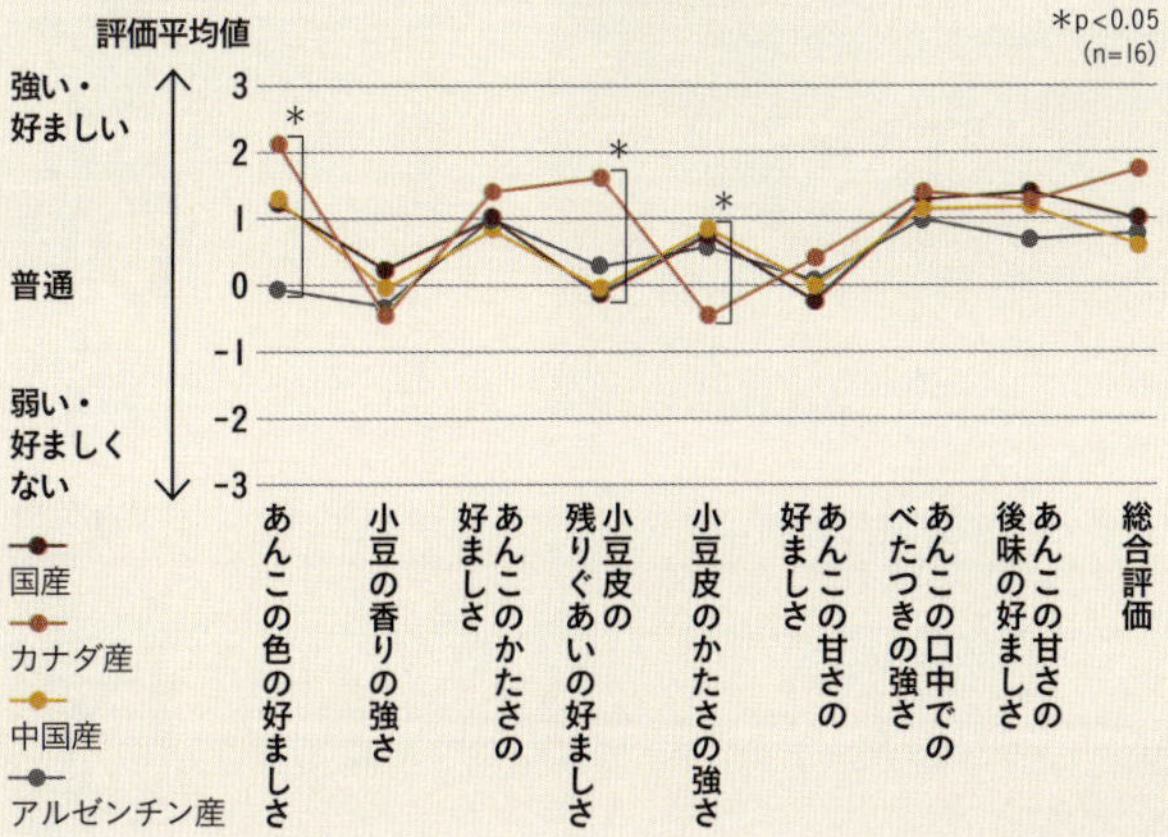

### 国産（エリモショウズ）

**小豆：**粒がそろっており、小豆色が鮮やかで光沢があるものが多く、味や香りも優れています。煮えむらも少なく、種類が豊富です。
**あんこ：**粒が均一で舌ざわりがよく、皮がやわらかいものが多く、甘味の中に小豆本来の風味が感じられます。

### カナダ産

**小豆：**国産小豆と同程度の品質管理がされ、粒の大きさや形状、色が均一で風味も優れ、皮もやわらかく安価で品質が高いと評価されています。
**あんこ：**風味、舌ざわりともに国産あんこに近い味わいで、煮熟や渋きりをするとより品質のよいあんこになります。

### アルゼンチン産

**小豆：**粒がやや大きく濃い小豆色で、しっかりした小豆の風味と皮の存在感があります。
**あんこ：**皮の色があんこに反映され、深い赤褐色になります。渋味やうま味などが複合的なこくのある味になるため、渋きりや水さらしの回数で調整しましょう。

### 中国産

**小豆：**粒の大きさや色などの品質にばらつきがあり、風味や味が弱く感じます。
**あんこ：**小豆の香りや味があっさりしているため、甘味を強くしたほうが満足感のあるあんこになります。

## 作り方 2

粒あん
こしあん

# 豆を洗う・浸《しん》漬《せき》

豆をボウルに入れ、豆を傷つけないようにていねいに水洗いする。

## 【ポイント】

### 豆の洗い方

小豆には、収穫時や流通過程において土や異物、不純物が混ざっていることがあるので、洗ってとり除きます。また、水面に浮き上がってくる小豆は、割れている豆や未熟豆なので、とり除きましょう。

豆をボウルに入れ、豆を傷つけないようにていねいに水洗いします。豆の量が多い場合などは、流水をかけながら洗うとよいでしょう。

### 浸漬は12時間以上かかる

乾燥小豆は種皮がかたいため、吸水する際は、皮全体からではなく、小豆のへその部分にある「種瘤《しゅりゅう》」と呼ばれる特殊な吸水組織からしか吸水しません[※1]。種瘤にはさまざまな細胞組織が集まっており、豆の外部から中心部まで吸水されるためには、時間がかかり、おおよそ12時間以上の時間を要します[※1]。小豆の浸漬の有無には様々な意見がありますので、実験で浸漬の有無の影響を調べてみました（19ページ実験3）。

※1／佐藤次郎「小豆における種瘤の研究」福島大学理科報告8（1959）p.24-29
※2／財団法人日本豆類基金協会「かんたん！乾燥豆ゆで方入門」

# 実験・検証

## 【実験2】小豆の浸漬温度の適温は？

### 【検証結果】水温20℃で長時間浸漬すると充分に吸水される

　浸漬の水温が高いほど豆の吸水速度が早いとされ、大豆や金時豆などは浸漬に熱湯を使うと浸漬時間が短縮されるといわれています[※2]。

　そこで、小豆でも同様か、熱湯を加えて1時間浸漬させた場合と、室温を想定して水温20℃で24時間浸漬させた場合とで、小豆の吸水について実験し、検証しました。

　小豆に熱湯を加えて1時間浸漬した場合、しわができ、豆の吸水が不均一でした。小豆は種皮がかたく、へその部分にある種瘤からしか吸水しないため、豆の粒や種類などによって吸水加減にばらつきが生じ、煮えむらの原因となります[※2]。

　また、小豆を熱湯につけると、豆の外側の皮が熱によって膨張し、伸びますが、内側への吸水は種瘤からしかしないため、あまり膨張せず、内外の膨張に差が出たため、しわができたと考えられます。

　一方で、小豆を水温20℃で24時間浸漬した場合、2倍程度にふくらみ、皮は破れていませんでした。

　結果、浸漬温度は、熱湯で短時間よりも20℃の水温で長時間（24時間）浸漬したほうが充分に吸水されることが明らかになりました。

小豆を水に24時間浸漬後。水が茶褐色で、色素成分が溶け出している。

▼

左：乾燥小豆、右：水で24時間浸漬後の小豆。2倍程度膨らみ、充分吸水している。

熱湯をかけて1時間浸漬後。ほとんど吸水していない。

▼

かたくしわがあり、皮が割れたり不均一に吸水した豆も見られた。

## 【実験3】小豆を煮るのに、浸漬は必要か

### 【検証結果】小豆は浸漬をしないほうがよい

　小豆の浸漬の有無が、あんこ（粒あん）のかたさや色に影響があるのかを実験し、検証しました。

　「浸漬あり」のあんこは「浸漬なし」より、やわらかくてべたつきがあることが明らかとなりました（**図1**）。

　実験2で、小豆は24時間の浸漬で充分吸水していたため、加熱であん粒子が壊れやすくなり、それがべたつきに影響した可能性があります。

　結果、小豆は浸漬せずに煮るほうが、適度にやわらかくなるようです。

　あんこの色調は、「浸漬あり」はやや暗いくすんだ紫色、「浸漬なし」はやや明るい紫色と色がよく、明らかな差がみられました（**図2**）。

　小豆がやわらかくなるまでの時間は、「浸漬あり」は「浸漬なし」より5分程度早く煮えましたが、時間短縮とまではいえないようです。

　結果、小豆は浸漬しないほうが、舌触りや色のよいあんこに仕上がることがわかりました。

**図1 浸漬の有無におけるあんこのかたさとべたつき**

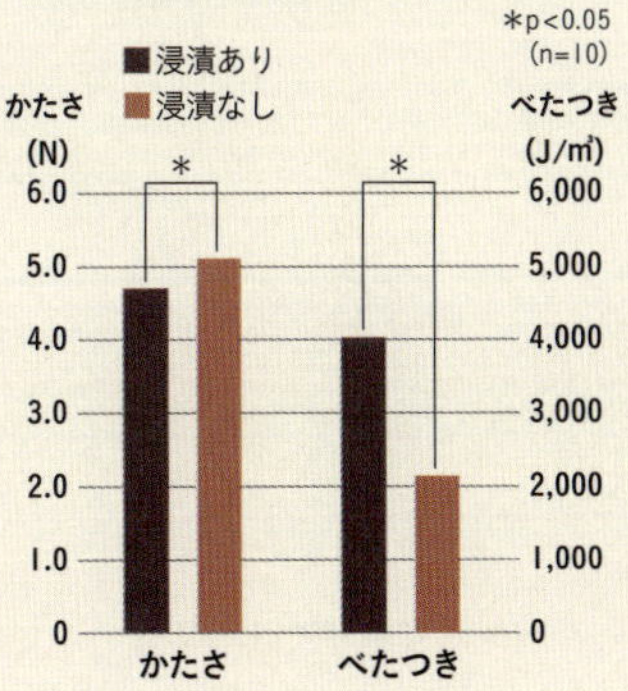


**図2 浸漬の有無におけるあんこの色調**

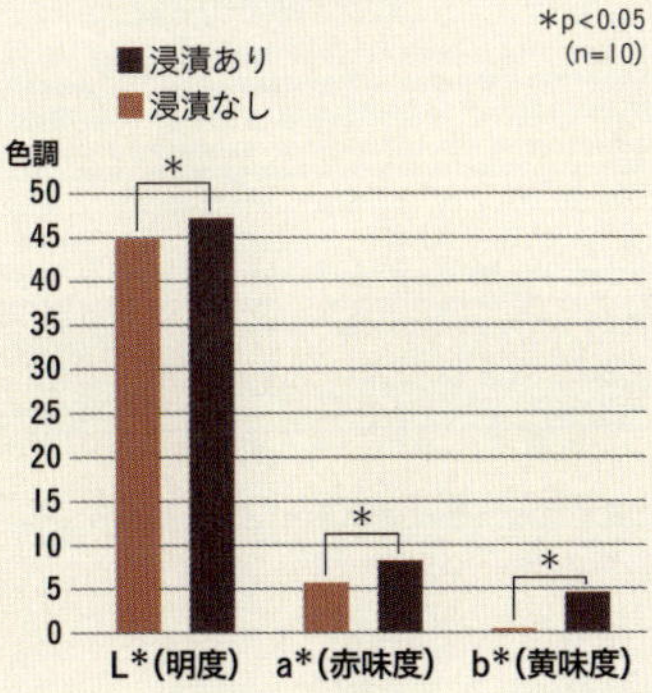

浸漬24時間後

浸漬なし

作り方

# 3

粒あん
こしあん

# 煮《に》熟《じゅく》

**小豆を乾燥小豆の重量の3倍の水とともに強火で煮始めて、途中、びっくり水を3回加えながら煮る。**

## 【ポイント】

### 煮熟は強火で煮る

乾燥小豆を水とともに加熱して、豆の内部まで水分を浸透させて皮をやわらかくすることを製あんの職人の専門用語では「煮熟（にじゅく）」といいます。この工程中に「びっくり水」(22ページ参照)を加えながら煮ます。煮汁の温度を下げ、つねに豆の上２～３㎝で豆が煮汁につかっている状態で豆を対流させせながら煮るためです。

火力は、煮熟中はつねに強火（ふつふつ）で煮ます。小豆が水中で激しく踊るような強い火力（ぐつぐつ）は、小豆同士を傷つけ、小豆の風味がそこなわれたり、アク成分とともにほかの栄養成分も溶け出したりしてしまう可能性があります。また、弱火だとあまり強く沸騰していないため、びっくり水を入れても大きな温度差はありません。そのため、強火で煮熟します。煮汁と小豆の状態をよく見て、火力の調整をしましょう。

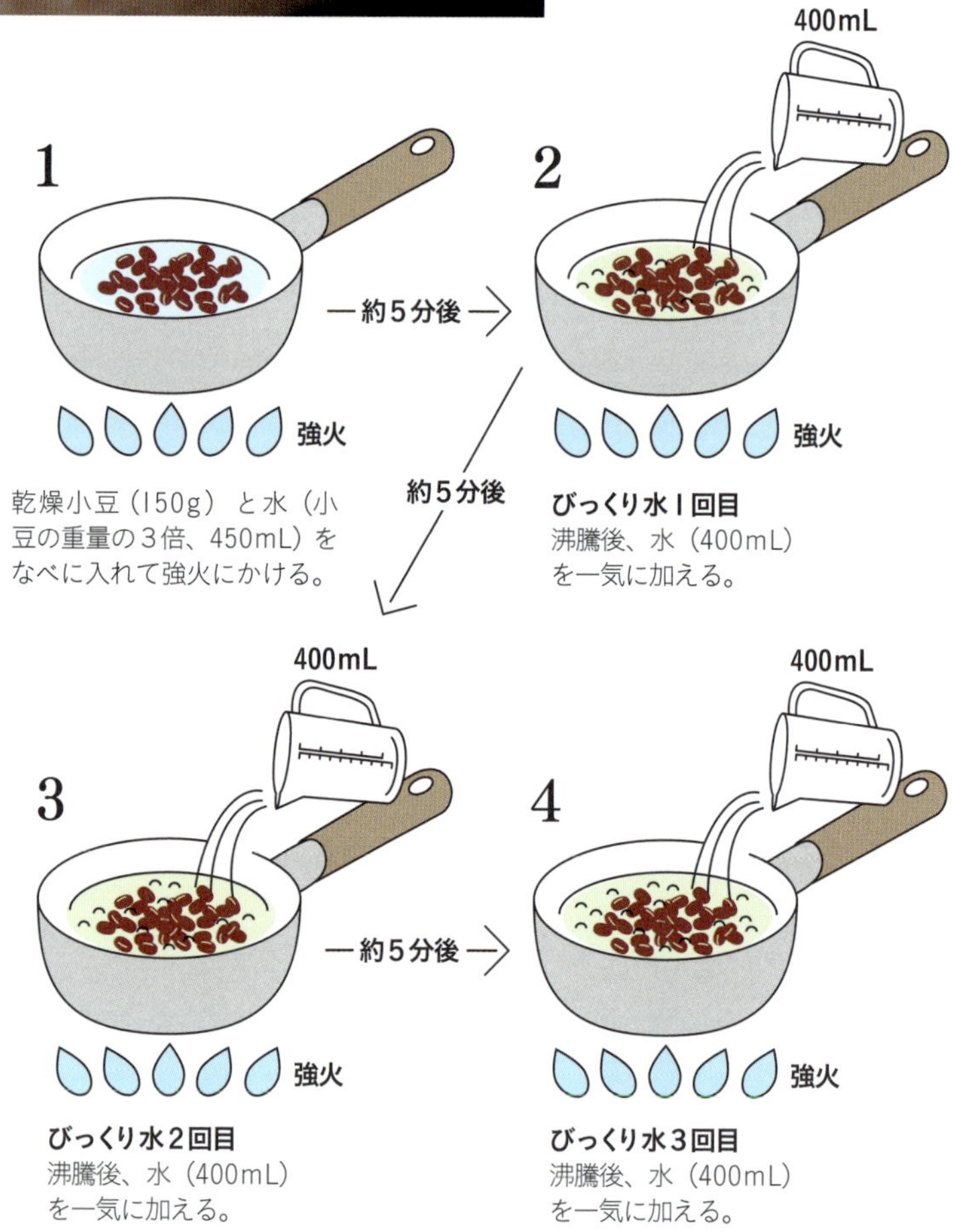

## 水から煮る

小豆は、水から煮ることで煮くずれせずに豆全体に熱が入ります。小豆は種皮から吸水しにくいかたい豆のため、沸騰した湯から煮ると外側から急激に熱せられ、内部との温度差が生じ、煮くずれしやすくなります。そのため、水から煮て、徐々に水温を上昇させていくことで、へその端の種瘤と豆全体に熱が入り、皮がやわらかくなり、煮熟されます。

また、小豆の渋味や苦味成分はタンニンやサポニンで、これらは水溶性で種皮に多く含まれているため、水から煮るとかたい種皮から徐々に溶け出すので除去しやすくなります。

## なべの大きさを選ぶ

あんこを炊くなべは、なべ底が見えない程度に小豆が入る大きさを選びましょう。小豆150gであれば、直径21cm前後の大きさのなべ（4～5L）が適切です。小豆を入れて乾燥小豆の重量の3倍量の水を入れたら、豆の上2～3cm程度の水位になる大きさです。

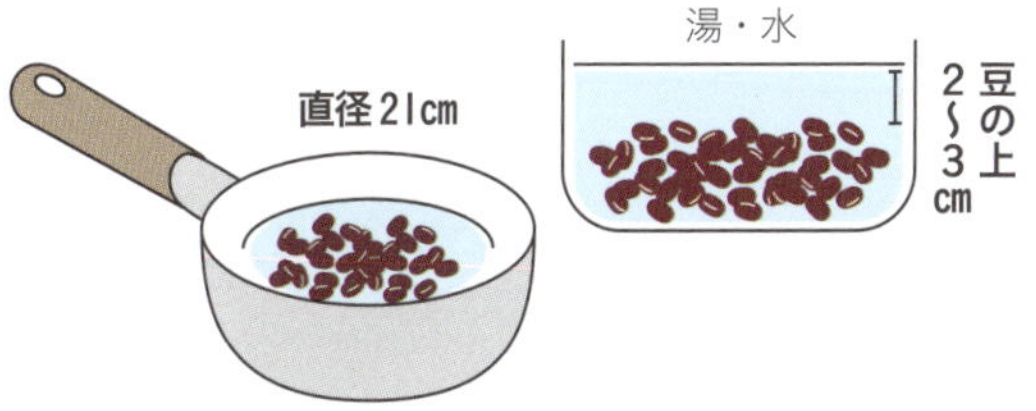


## 銅なべへのこだわり

あんこは、高温短時間で炊くため、多くの製あんメーカーや和菓子屋では熱伝導率や蓄熱性の高い銅なべを使います。そのほか、鉄やステンレス、ほうろうなどもありますが、あんこの炊き上がり量が減ったり、色がくすむなどの影響があったりするため、用途に合わせたなべを使います。形は底の部分が丸くなっている「ボウズ」と呼ばれる「さわり（丸形の銅なべ）」（写真左）を使うことが多いです。製あん機で用いるなべも銅なべが多く、なべ底全体に火が当たるように火力を強火にします。

## 小豆には抗酸化活性の高い栄養成分が含まれている

沸騰してから3～4分後、煮汁が黄色っぽくなります（写真**A**）。これは小豆の栄養成分が煮汁に溶け出たためです。この栄養成分はポリフェノール類のタンニンやサポニンなどであり、これらのほとんどが小豆の種皮中に存在します。煮汁中に溶け出しますが、製あん工程が進む中で、再びあん粒子に吸着され、色調や風味、物性（かたさやべたつきなど）に関与するといわれています。

小豆は種皮の色が濃く、ポリフェノール類である色素成分のプロアントシアニジンや、ルチンなどを多く含み、高い抗酸化活性を示すことも知られています（**図**）。抗酸化活性は、中国産より北海道産のほうが高いことがわかっています。また、煮熟段階で乾燥小豆に含まれる栄養素の量が約7割まで減少し、さらに水さらしの工程を経た生あんでは約2割まで減少することが明らかとなっています[※1]。

食品から摂取する抗酸化成分が、活性酵素による攻撃を防ぎ、疾病予防に寄与することが期待されています。小豆の持つ抗酸化物質について今後注視したい成分です[※1、2]。

**図 各種豆類の抗酸化活性**　単位：μmL Trolox/g

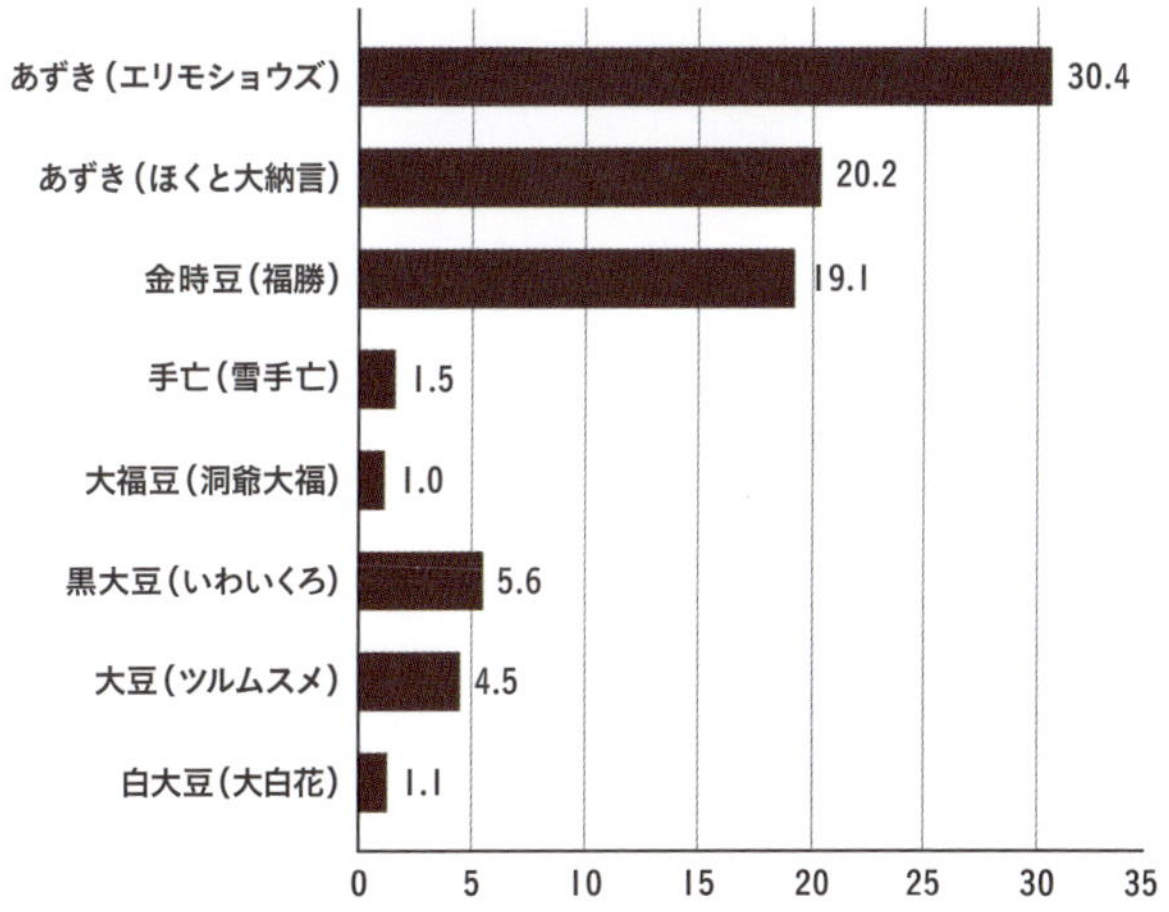


資料：平成15年度北海道農業試験会議資料「小豆の抗酸化活性の変動要因と簡易評価技術」
注：1. 北海道の2000年産の各種豆類に関する抗酸化活性測定事例
　　2. 抗酸化活性の分析はDPPH法による。

参考文献
※1／公益財団法人日本豆類協会「新豆類百科」p144～145（2015）
※2／堀由美子、村杜知美、福村基徳、鳥居塚和生、伊田喜光「アズキの熱水抽出物（アズキ煮汁）の成分とその抗酸化能」日本食糧・栄養学会誌62、1、p3-11（2009）

作り方

# 4

粒あん
こしあん

## びっくり水（しわ伸ばし水）

小豆を煮始めて沸騰したら、水を加えて煮汁の温度を下げる。これを3回くり返す。

## 【ポイント】

### びっくり水を一気に加えて煮汁の温度を下げる

小豆は皮がかたく、煮汁が加熱によって急速に高温になると、種皮付近のたんぱく質の凝固やでんぷんの糊化が進みます。これが障壁となって熱水が小豆の内部まで浸透しにくくなります[※1]。それによって煮えむらが起きます。

そこで、煮汁が沸騰したら水を一気に加えて煮汁の温度を50〜60℃まで下げて、種皮付近と内部の温度差を縮め、熱水を浸透しやすくすることで、煮えむらを防ぎます。この工程によって徐々に豆のしわが伸びていきます。水を加えるので火加減は強火です。この加水のことを「びっくり水」または「しわ伸ばし水」といいます。

さらに、外観の変化として、びっくり水によって種皮表面に多数のしわが寄ります（写真A）。加熱が進むにつれて小豆の種瘤から熱水が浸透し、種皮のしわが伸びて豆全体が膨張し（写真B）、豆の内部まで熱が伝わり、煮えむらを防ぐことができます。全体の８割以上の小豆のしわがなくなるまで、この作業を３回くり返します（20ページ参照）。

※1／公益財団法人日本豆類協会「かんたん！乾燥豆ゆで方入門」p.2（2018）

びっくり水１回目後の小豆。皮に細かいしわがよっている。

びっくり水２回目後の小豆。１回目より、しわが伸びている。

### びっくり水の適量は？

これまでの製あん方法のレシピなどには、びっくり水の量の詳細が記載されていないことが多いため、どのくらいの量が必要かを検討しました。

乾燥小豆150gの場合、なべに入れた豆と乾燥豆の重量の３倍の水450mLが沸騰したときに水温20℃の水200mLを加えても煮汁の温度は70〜80℃までしか下がりませんでした。さらにすぐに水200mLを追加しても、温度はあまり下がりませんでした。そこで、沸騰後、水400mLを一気に加えたところ、煮汁の温度を１回目で50〜60℃、２回目で65℃付近、３回目で75℃付近まで下げることができました。

結果、びっくり水の量の目安として、乾燥小豆の重量の３倍程度の水を一気に加えると、目標の水温まで下げることができることがわかりました。

# 実験・検証

## 【実験4】びっくり水は必要か
## 【検証結果】びっくり水は省略が可能

びっくり水あり（水400mL）3回加水

びっくり水なし（熱湯400mL）3回加水

びっくり水には、しわを伸ばし、豆が膨張することで、煮えむらを防止する効果があります。実際は、びっくり水は1回のみ、あるいは小豆のしわが伸びるまでくり返すなど、様々な製あん方法があります。そこで、びっくり水の有無によって本煮（26ページ参照）の時間の差異や豆の煮えむらの有無があるかなどを実験し、検証しました。

煮熟の方法（20ページ参照）で、びっくり水ありは水温20℃の水（写真C）、なしのほうは熱水を加えて（写真D）つねに煮汁が98℃以上を維持するようにしました。

次に小豆が煮えた状態として、指でつまむと簡単につぶれ、中心部に芯《しん》がないことを確認しました。

本煮を始めて20分以降5分ごとに小豆の状態を確認したところ、びっくり水なしのほうが、本煮時間が10分程度早く煮えて、煮えむらは目視では見られませんでした。

あんこのかたさやべたつきを測定した結果、「びっくり水あり」は「びっくり水なし」よりも明らかにかたく感じ、べたつきも強いあんこということがわかりました（**図1**）。

官能評価の結果では、「びっくり水あり」の小豆の皮のかたさには「やや強い（かたい）」傾向が見られました。しかし、それ以外はいずれも同程度の評価で、有意差はなく、総合評価では「普通」から「やや好ましい」と評価されました（**図2**）。

つまり、「びっくり水なし」は本煮の時間が10分程度短縮でき、「びっくり水あり」よりあんこがやわらかく、べたつきが弱いという結果でした。

さらに、官能評価の総合評価では有意差がなかったため、びっくり水は省略が可能で、製あんの簡便化につながる可能性が示されました。

煮熟後の煮汁。左：びっくり水あり。右：びっくり水なし。

煮熟後の小豆。左：びっくり水あり。右：びっくり水なし。

**図1 びっくり水の有無による あんこのかたさとべたつき**

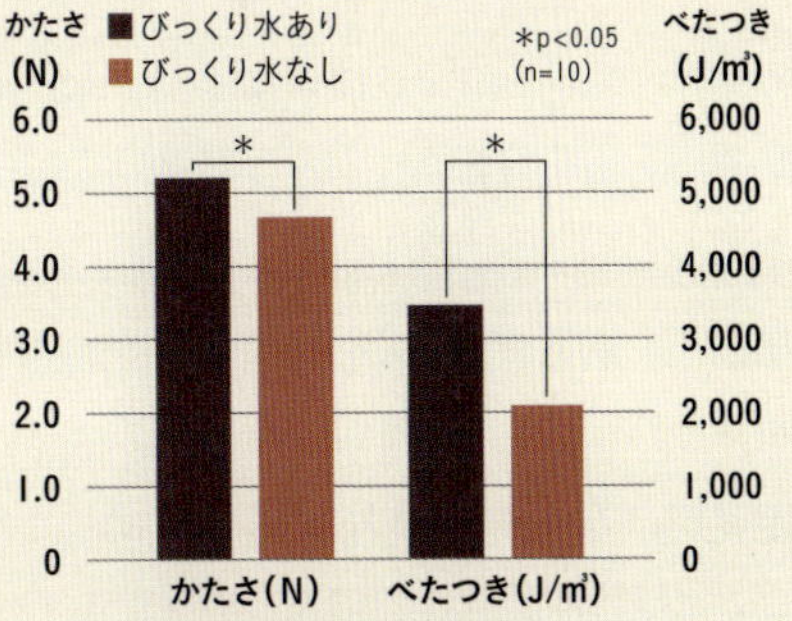


**図2 びっくり水の有無によるあんこの官能評価結果(n.s.)**

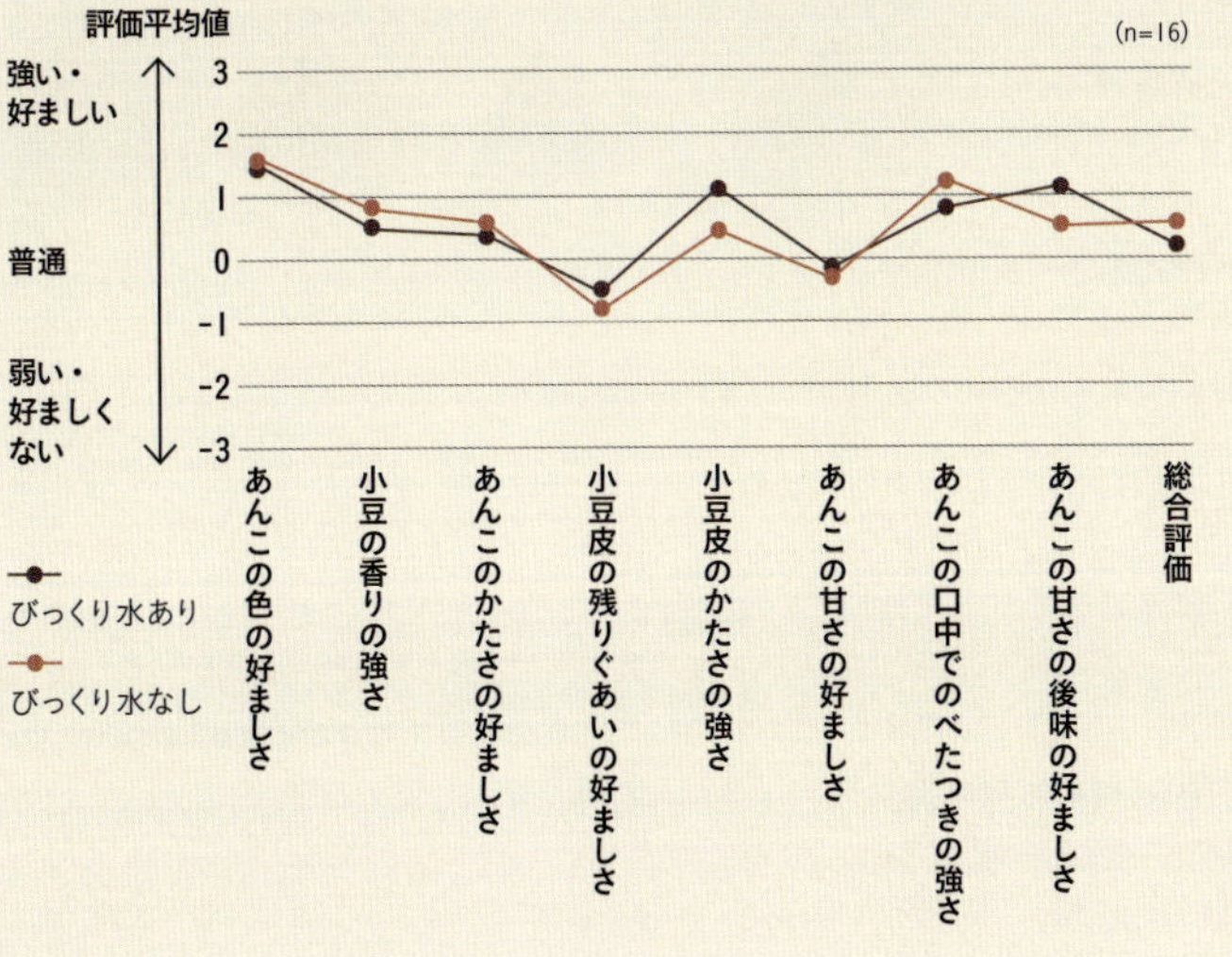

**びっくり水なしの煮熟の方法** 口径24〜26cmのなべに乾燥小豆（150g）と水（1.65L※2）を入れて強火にかけ、沸騰したら中火で約40分煮る。途中、アクが出てきたらとり除く。
※2／乾燥小豆の重量の3倍の水（450mL）＋びっくり水（400mL）×3回＝1.65L

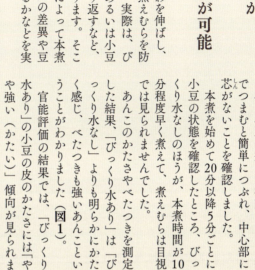

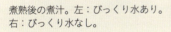

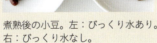

作り方

# 5

粒あん
こしあん

# 渋きり

煮熟した小豆をざるにあけて煮汁をきる

## 【ポイント】

### 煮汁に溶け出た渋味や苦味をとり除く

小豆の種皮には、ポリフェノールやタンニン、サポニンなどが多く含まれています。これらは抗酸化活性の高い栄養成分ですが、渋味や苦味となり、あんこの雑味になります。さらにあんこの色がくすんだり、黒ずんだりする原因になるなど見映えにも影響します[※4]。

これらの成分は水溶性のため、煮汁に溶け出るので、渋きりをしてとり除くことで雑味のないさっぱりとした味のあんこに仕上がります。

ていねいに渋きりを行なう場合は、豆をざるにあけたあと、小豆の種皮に付着している渋味や苦味成分を流水で洗い流します。

### きれいな色のあんこになる

小豆の色素成分について、ポリフェノール類のプロアントシアニジンが含まれており、黒豆などに含まれているアントシアニンはほとんど含まれていません。プロアントシアニジンは酸で分解すると茶褐色になります。一方で最近の研究では、赤い色の小豆だけに存在する、ほかの豆とは異なる色素が発見されました。「カテキノピラノシアニジンA,B」と呼ばれる紫系色素です。この色素は脂溶性で加熱しても色が変化せず、糖を含んだ液体には若干溶ける性質がわかっています。これらの色素は、渋味を持つタンニンや苦味を感じるサポニンとともに小豆の種皮に多く含まれています。

渋きりすることで、水溶性のプロアントシアニジンやタンニン、サポニンなどを除去し、あんこの色や風味を調整し、残存しているカテキノピラノシアニジンA,Bを加熱中にあん粒子と結合させて、美しい紫色のあんこを作ります[※5、6、7]。

### 煮えむらなどを防ぐ効果もある

渋きりは煮汁を捨てて新しい水で再び煮るので、びっくり水と同じく小豆の内外の温度差を縮めることになり、煮えむらを防ぐ効果もあります。加熱が進むとともに小豆内部のあん粒子を囲っている細胞壁が熱でほぐれて、あん粒子が分離しやすくなります。

また、次の工程の本煮（26ページ参照）では、渋きりしたものは、豆に水を加えて温度を下げるため、小豆の腹切れ（小豆の皮が割れる）や煮くずれなどもしにくくすることが報告されています[※2]。

左：渋きりあり。右：渋きりなし。　左：渋きりあり。右：渋きりなし。

※1／福場博保、「小豆タンニン含有量(渋の1成分)の品種間考慮について」豆類加工技術研究会報5 、3、p37-46,（1981）
※2／畑井朝子、「小豆の調理特性に関する研究(第2報)-渋きり処理が加熱小豆の品質におよぼす影響」調理科学9、4、p219-224（1976）
※3／相馬ちひろ「小豆抗酸化成分の生理調節機能とその変動」公益財団法人日本豆類協会、豆類時報、47、p18-24（2007）
※4／塩田芳之、土屋房江、倉田美穂「あんの収量および色調について―あんに関する研究(第11報)」家政学雑誌35（9）656-664（1984）
※5／吉田久美ら「赤小豆種皮に含まれる餡の紫色を担う新規色素、カテキノピラノシアニジンの構造」天然有機化合物討論会講演要旨集59、121-126（2017）
※6／吉田久美「食用豆の登熟に伴う種皮の着色過程の生物有機化学的研究」2021年度科学研究費助成事業研究成果報告書
※7／Differences in the content of purple pigments, catechinopyranocyanidins A and B, in various adzuki beans, Vigna angularis
Kumi Yoshida, Yoko Takayama, Tomoyo Asano, Kohei Kazuma
Bioscience, Biotechnology, and Biochemistry 87（5）525-531 2023年1月25日
※8／加藤淳「小豆のタンニン含量の変動要因と食味(渋味)に及ぼす影響」農業・食品産業技術総合研究機構（2001）

## 【実験5】渋きりは必要か

## 【検証結果】渋きりのありなしで、総合的には大差がないので、渋きりする手間を省いてもよい

渋きりがあんこにどのような影響があるかを実験して検証しました。検証するあんこは、渋きりありとなしの粒あん2種類としました。

かたさは、いずれも有意差はなく、同程度の評価でした。べたつきは「渋きりなし」のほうがややべたつく傾向となりました。おそらく、「渋きりなし」で煮続けたことで、あん粒子（26ページ参照）が破れてでんぷんが流出したため、粘りが出たのではないでしょうか。

色調は、「渋きりあり」のほうが色が明るく、赤紫色を示しました。渋きりによってアクや苦味成分をとり除いたことで、あんこの色が明るくなったと考えられます。

官能評価（**図1**）では、あんこの色は、「渋きりあり」が「やや好ましい」から「好ましい」、「渋きりなし」は「普通」から「やや好ましくない」と大きな差が見られました。あんこのかたさは「渋きりあり」は「普通」、「渋きりなし」は「やや好ましい」と異なる評価となりました。

総合評価では、「渋きりあり、なし」ともに「普通」と評価され、差がありませんでした。あんこの色やかたさにおいて、評価の違いが出たものの、「渋きりなし」もあんことして受け入れられる可能性があることが明らかとなりました。

結果、小豆の品質がよく、びっくり水や水さらしをていねいにする製あんの場合は、渋きりを省略することも可能のようです。ですが、びっくり水も水さらしもしない場合は、渋きりをしたほうがよいようです。

栄養成分については、小豆（エリモショウズ）のポリフェノールは、抗酸化作用を持つ栄養成分ですが、渋きりや煮汁に溶け出るなどであんこになるまでに約8割損失することが報告されています[※3]。

そこで、煮熟後、渋きりありとなしで本煮した煮汁とあんこのポリフェノールとタンニンの量を分析しました（**図2**）。

その結果、いずれも渋きりをした煮汁やあんこは、渋きりをしないものの約½量しかありませんでした。渋きりによって、渋味や苦味成分が50～60％程度とり除かれることがわかりました。

渋きりを省略すると多少の雑味があるかもしれませんが、製あん作業の簡便化になります。さらに、のちの水さらしの工程もしない場合は、ポリフェノールやタンニンの損失がほとんどない栄養価の高いあんこを作ることができるでしょう。

左：渋きりなし本煮後の煮汁
右：渋きりあり本煮後の煮汁

渋きりなし本煮前の小豆

渋きりあり本煮前の小豆

**図1 渋きりの有無によるあんこの官能評価結果**

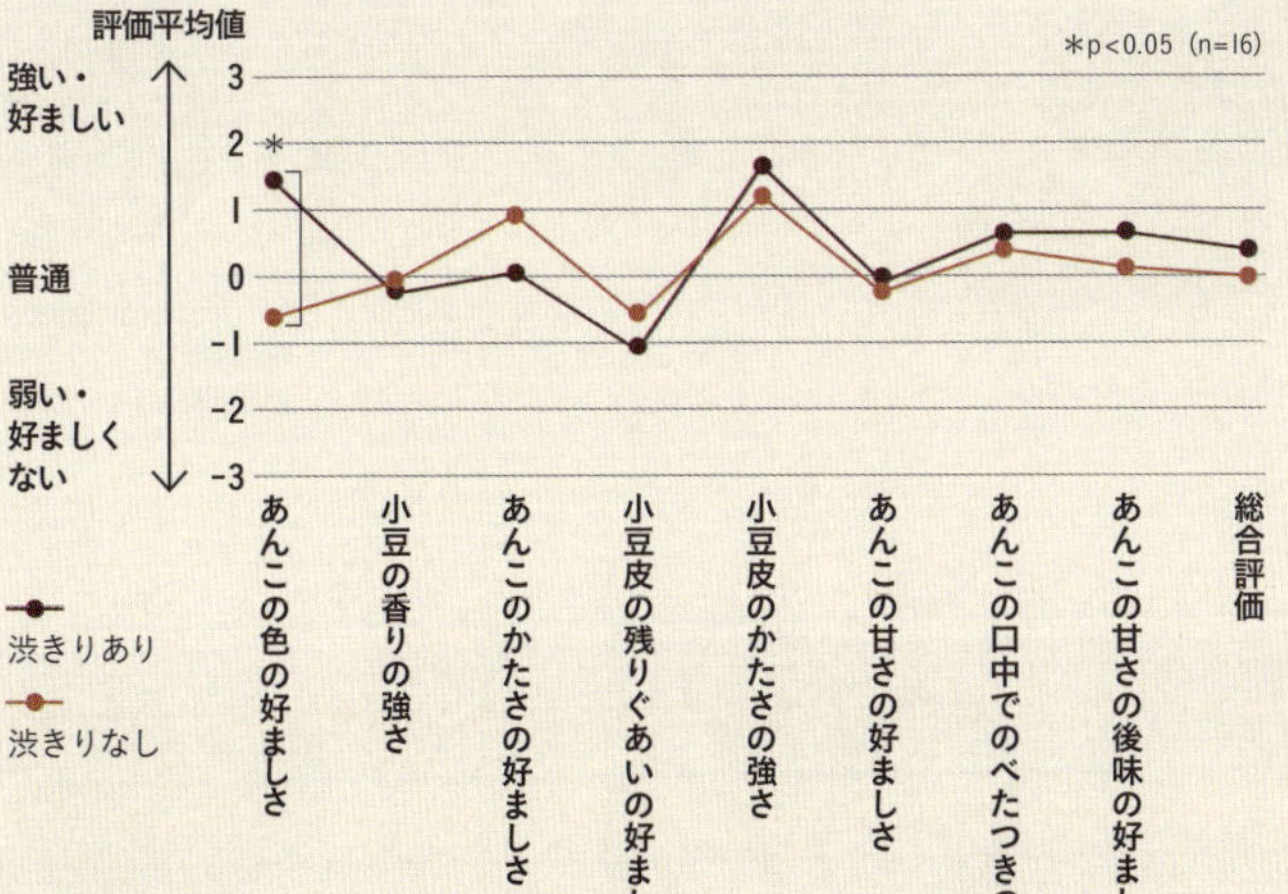


**図2 渋きりの有無による ポリフェノールとタンニンの含有量**

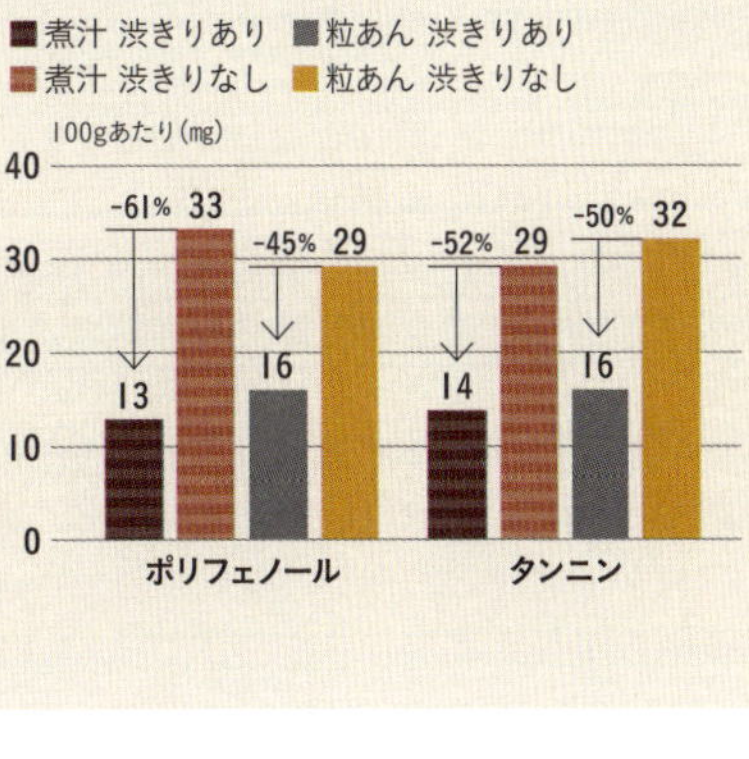

# 作り方 6

粒あん
こしあん

# 本煮（本炊き）

煮熟または渋きりした小豆と乾燥小豆の重量の3倍の水で、途中、差し水をしながら豆がやわらかくなるまで煮る。

## 【ポイント】

### 本煮は、豆のあん粒子をバラバラにする作業

本煮は、強靭《きょうじん》なたんぱく質（グロブリン）の細胞膜によって包まれているあん粒子をバラバラに分離する作業といえます。あんこ特有のほくほくしたテクスチャー（食感）を出すためには、あん粒子を壊さないように、ていねいな火加減でかつ、なるべく時間をかけないように煮ます。

特に小豆がやわらかくなってから、煮たり混ぜたりする作業を手荒く行なうと、小豆が腹切れをして、分離したあん粒子が壊れて、流れ出たでんぷんが下に沈み、焦げつきの原因になります。

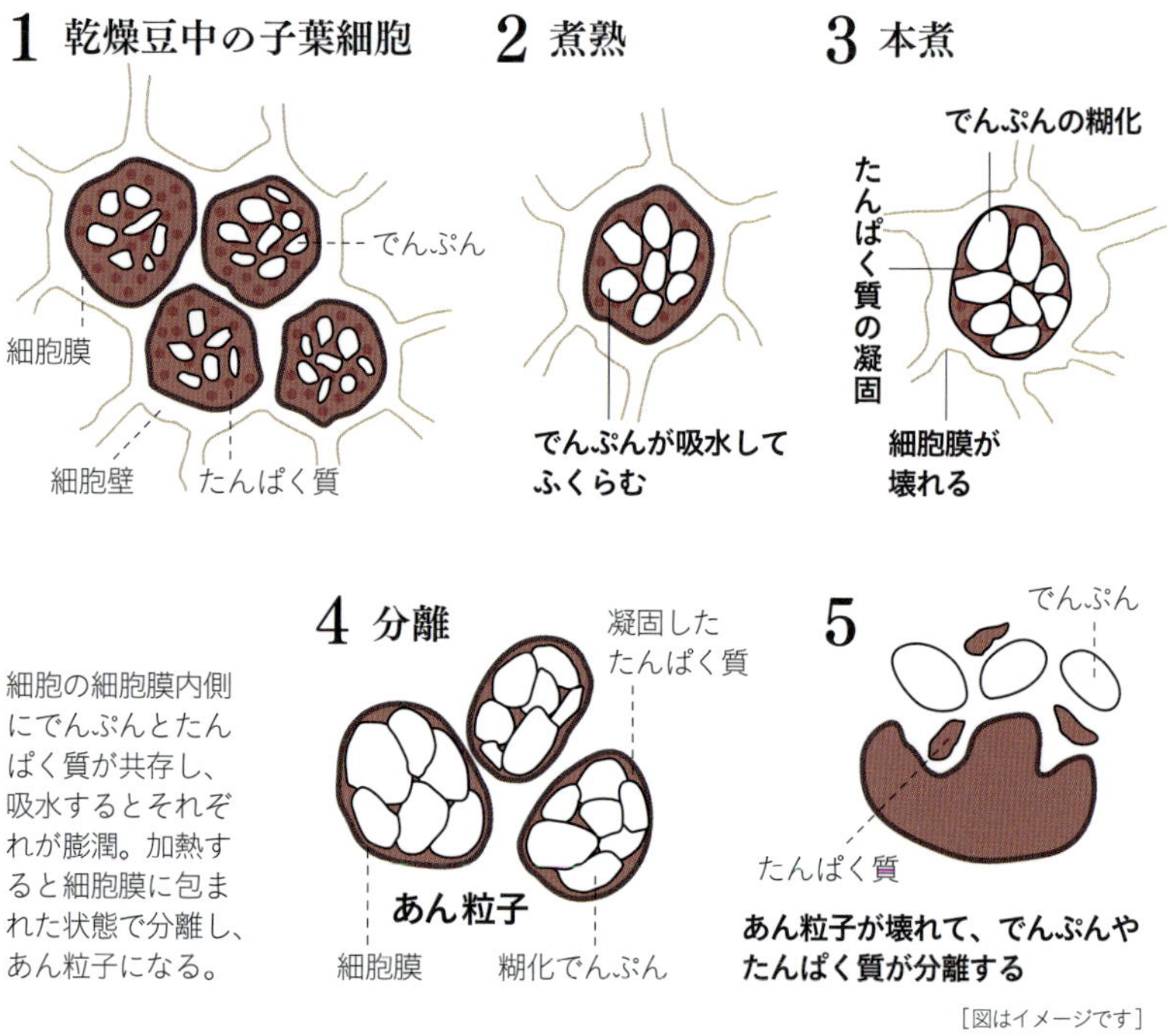

細胞の細胞膜内側にでんぷんとたんぱく質が共存し、吸水するとそれぞれが膨潤。加熱すると細胞膜に包まれた状態で分離し、あん粒子になる。

［図はイメージです］

## 火加減は強火〜強中火

渋きり後、小豆を再びなべに戻し、乾燥小豆の重量の３倍の水を加えて煮ます。このとき、煮始めは強火で沸騰させ、差し水をしながら豆がやわらかくなるまでは強中火に加減しながら煮ます。激しい対流で豆が必要以上に触れ合わないように落としぶたをして煮ることもあります。

上：煮えが足りない状態。小豆をつぶしてもかたい部分がある。
下：煮上がった状態。小豆をつぶすと容易につぶれる。

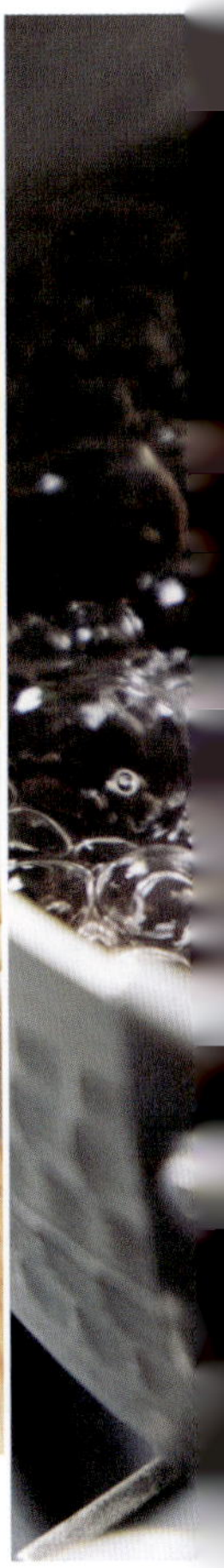

## 本煮の時間は40〜50分程度

小豆の本煮時間は、一般的に煮始めてから40〜50分程度といわれています。

しかし、本煮が完了したかどうかは、ゆで時間や豆の外観だけで判断するのはむずかしいものです。

そこで、豆を少量木べらの上にとり出し、菜箸《さいばし》の先端などで軽く押します。豆が簡単につぶれ、中心部までやわらかく煮えているかを確認します。豆をつぶすことができても、中のでんぷんが白く、かたい部分がある場合は、５分を目安に加熱時間を延ばしましょう。ただし、いくら加熱しても、白くてかたい部分がやわらかくならない小豆はとり除きます。

煮えぐあいが足りないと加糖して練り上げたあんこの粒子があらく、舌ざわりが悪くなります。

## 歩留まりが高くなるように煮る

歩留まりとは、生あんがとれる量のことです。たとえば、乾燥小豆150gからあんこが480g得られた場合は歩留まり320％となります。効率的にあんこを作るためには、歩留まりが高くなるように煮ることが重要になります。

本煮の時間が長すぎると、あん粒子が壊れて煮汁にでんぷんやたんぱく質が溶け出てしまうため、歩留まりが悪くなり、あんの品質を低下させます。

それを防ぐため、できるだけ短時間で煮上がるように強火〜強中火の火力に加減して煮ます。

## 豆の腹切れを防ぐ

腹切れとは、小豆を煮る途中で豆の皮が破れることです。小倉あんの小豆の蜜漬けは、なるべく腹切れしないように煮ます。多くは豆の長さに対して直角方向に割れ目ができます。小豆の種類によって煮えにくいものもあり、重曹を加えて豆の皮を早くやわらかくし、腹切れをしにくくさせる方法などがあります。

## 小豆を煮るなべを選ぶ

小豆を煮るときのなべの大きさは、乾燥小豆の重量に対して３倍の水に加え、さらに差し水（乾燥小豆の重量の３倍）を入れてもあふれない大きさにしましょう。なべは深すぎると対流が弱くなるため、横に広く、湯が多く入る形が好ましいです。

また、あんこが煮やすいなべは、熱が伝わりやすく、厚手のものです。銅なべがおすすめですが、家庭によくあるなべの中ならアルミ、ほうろう、ステンレスの順におすすめします。

## 小豆を煮るときの混ぜ方のコツ

本煮中は、煮汁が多いときは、豆を対流させるためにへら数（へらでかき混ぜる頻度）は多くてもよいのですが、小豆が煮汁を吸水してやわらかくなってきたらあん粒子をできるだけ壊さないようにへら数は減らします。また、なべ肌についた小豆は焦げやすいので、ゴムべらなどでなべ肌をきれいにしながら混ぜます（39ページ参照）。

作り方

# 7

粒あん
こしあん

# 差し水

本煮で強火にかけて、煮汁が沸騰したら強中火に加減しながら、煮始めから15分ごとに水400mLを2回、さらに10分後に水200mLを加える。

## 【ポイント】

### 差し水は煮えむらを防ぐために行なう

本煮の加熱中に起こる水分蒸発によって、小豆が水面から上に出てくると加熱されない部分が出てきてしまうため、これが煮えむらの原因となります。差し水は、それを防ぐためにつねに豆から上3cm程度の水位になるように水を足すことです。

### 差し水の温度の違いとその効果

差し水の温度は、湯（熱湯）または水（20℃前後）とされ、それぞれの理由があります。

湯の場合は、煮汁との温度変化による小豆の腹切れを防ぐためとされます。

水の場合は、煮汁の温度を下げて、小豆の中心部まで吸水させる「びっくり水」と同様の効果を期待しています。

よって、差し水を加える段階で、かたい豆が多いようであれば「水」とし、吸水させながら充分に加熱します。本煮が進むにつれて、豆がやわらかくなってきたら「熱湯」を加えて煮ると、腹切れする小豆が少なくなると考えられます。小豆の状態や製あん方法によって差し水の温度を調整するとよいでしょう。

いずれも、差し水は小豆が水面から出ないように加水することがいちばん重要な役割です。

### 差し水の回数は2～3回

差し水は2～3回程度行ないますが、回数が多くなるほど小豆がやわらかくなり、中のあん粒子が溶け出し、煮汁が濁ってきます。それと同時に小豆も吸水し、膨潤するため、なべ中の小豆の容積が増えます。なべの大きさや深さによりますが、水位はつねに小豆より上3cm程度となるように差し水の量を調整します。

### 差し水3回後、粒あんの場合は、5分程度静置して上澄み水を静かに捨てる

差し水が終わったあと、こしあんを作る場合は、次の工程は「皮と呉を分離する」の工程になります（30ページ参照）。

粒あんを作る場合は、ボウルに移して5分程度静置し、上澄み水が少し澄んできて煮汁と小豆が分離したら上澄み水を静かに捨てます。ボウルに残ったものが「呉」です。そして次の工程は「水さらし」の工程になります（32ページ参照）。

## 【実験6】差し水は必要か

### 【検証結果】差し水をすると粒感のあるべたつきのないあんこになる

本煮における差し水の有無で、小豆の本煮時間の短縮ができるか、またあんこ（粒あん）のかたさやべたつきに強弱の差があるのかを実験し、検証してみました。「差し水あり」は水を加え、「差し水なし」は熱湯を加えることとしました。

小豆の本煮時間は、「差し水あり」よりも「差し水なし」のほうが5分程度早く煮えましたが、製あん時間全体からみると、時短といえるほどの大差ではありませんでした。

あんこのかたさやべたつきは、「差し水あり」は「差し水なし」と比べて明らかにかたく、べたつきが少ないことがわかりました（図）。これは、差し水によって煮汁が過度な加熱にならず、あん粒子が壊れなかったためと考えられます。かたさが強いと出たのは、粒あんの粒感をかたさとしてとらえた可能性もあります。

「差し水なし」のあんこのべたつきが強い理由は、１００℃近い煮汁で長時間煮続けたため、あん粒子が壊れてでんぷんが溶け出したためと考えられます（26、30ページ参照）。

以上の結果から、差し水はびっくり水と同様に煮汁の温度を下げることで、小豆の中まで吸水させるとともに、煮汁の温度の調整を行ない、小豆の中の子葉細胞からあん粒子を壊さないように分離させることがわかりました。長時間高温で加熱するより、水温20℃前後の差し水をしながら小豆がやわらかくなるまで充分に加熱するとよいでしょう。

また、本煮が進むにつれて小豆がやわらかくなってきたら、差し水を熱湯にかえると、腹切れしにくい炊き方になる可能性があります。

図 差し水の有無による あんこのかたさとべたつき

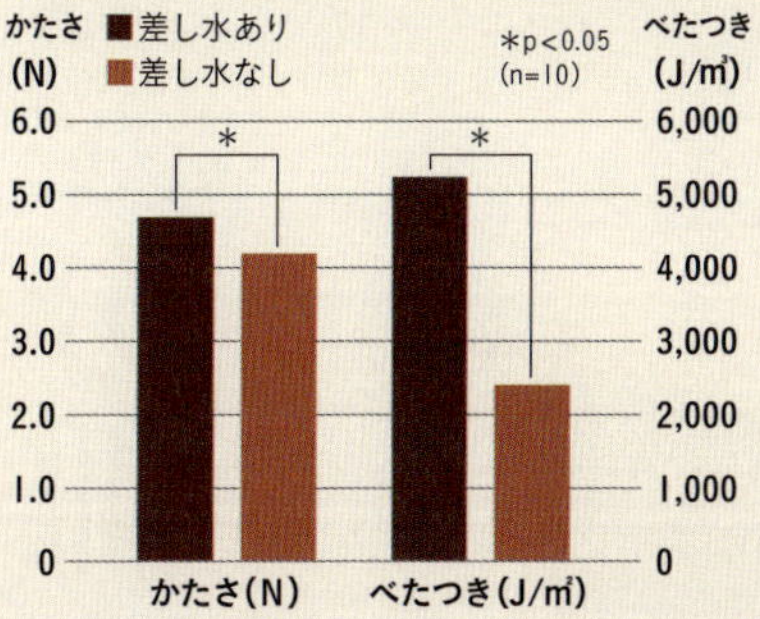


### 差し水を加えるタイミングと本煮の様子

**差し水あり（水温20℃の水）** 煮始めは強火で沸騰したら強中火にして煮る。

本煮の開始　1回目400mL　2回目400mL　3回目200mL

**差し水なし（沸騰湯）** 煮始めは強火で沸騰したら強中火にして煮る。

本煮の開始　1回目400mL　2回目400mL　3回目200mL

左：差し水ありの煮汁
右：差し水なしの煮汁

本煮後の小豆。左：差し水あり。右：差し水なし

**差し水なしで煮る方法**

口径24〜26cmのなべに煮熟あるいは渋きりした小豆と1.45Lの水（450mL＋差し水3回分1L）を入れて強中火で小豆がやわらかくなるまで煮る。

作り方
# 8
こしあん

# 皮と呉を分離する（あんずり）

本煮後の小豆を目のあらいざるで裏濾《こ》ししたあと、さらに目の細かなざるで裏濾しする。

## 【ポイント】

### 小豆の「呉（あん粒子）」を壊さないように裏濾しする

製あん用語で、煮熟した小豆からあん粒子を分離することを「あんずり」といいます。この分離したあん粒子を「呉」といいます。

この作業では、小豆のあん粒子を壊さないように裏濾しします。力を入れないと濾しきれないあん粒子は無理に裏濾ししないようにします。無理に裏濾しすると、大きさが異なるあん粒子が混在したり、細かな皮の破片などが濾されてしまったり、あんこの舌ざわりに悪影響が出るためです。

また、無理に裏濾しするとあん粒子の細胞膜が破れてでんぷんが露出します（写真A、B）。このでんぷんが水分と結合すると粘度が出てきます。それが、あんこの粘りを必要以上に強くしたり、水さらしの沈殿速度を遅くさせたりすることがあります[※1]。

あんを構成する粒子

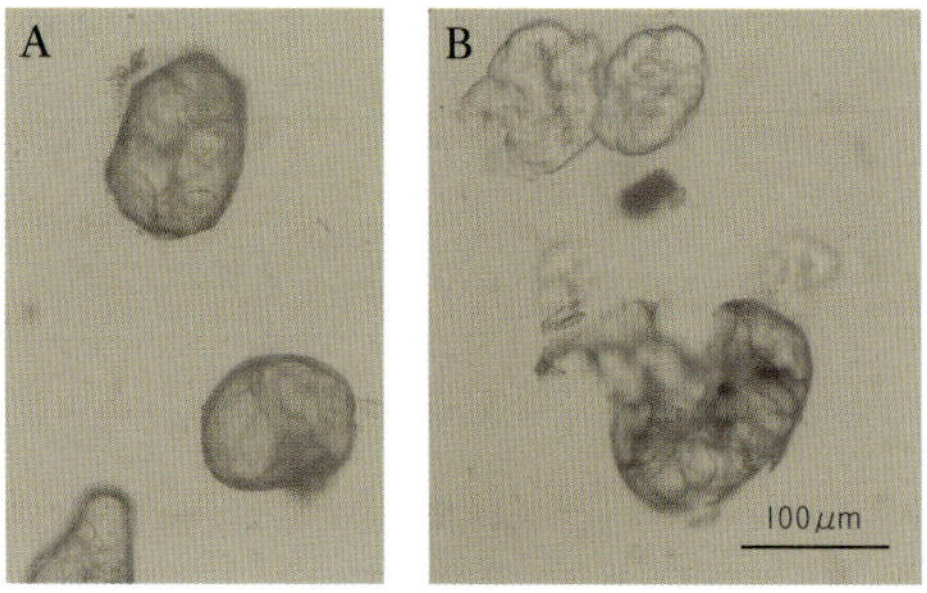


正常なあん粒子　崩壊あん粒子と遊離でんぷん

画像提供／野村知未（令和元年度 豆類振興事業調査研究結果より）

※1／武井仁、的場研二、「餡」的場製餡所 p176（1979）
※2／加藤淳、徳光恵理、市川信雄、目黒孝司
「小豆の百粒重とアン粒径の関係」北海道立農試集報66、p15-23（1994）
https://www.hro.or.jp/upload/16429/66-3.pdf

## 【皮と呉の分離の方法】

**1** ボウルに目のあらいざるを重ね、本煮後の小豆を煮汁ごと玉じゃくして２～３杯程度移し、大きめのお玉の底などで皮から中身を押し出しながら煮汁に溶かすように裏漉しする。

目のあらいざる（目開き16メッシュ。一般的な万能濾し器の目開き）で裏濾しする。

底面が広い小さなガラス容器などを使うと作業しやすい。

---

**2** ざるに残った皮に水をかけてあん粒子を洗い落とす。

皮についたあん粒子や漉しきれていないあん粒子をすべて洗い落とす。

濾して残った小豆の皮。

---

**3** さらに細かな目のざるで濾し、残った小さな皮や煮え不足の小豆などをとり除く。

目の細かなざるは38メッシュを用いた。一般的な製あんメーカーや和菓子屋では、40～50メッシュを用いる。煮汁ごとざるに入れてへらで濾す。へらを無理に押しつけて濾さない。煮汁に浸しながら濾すと作業しやすい。

濾して残った小さな皮やかす。

---

**4** そのまま５分程度静置する。

煮汁とあん粒子が分離するのを待つ。

上澄み水が少し澄んできてあん粒子が見えるようになる。

---

**5** 上澄み水を静かに捨てる。

分離した上澄み水には、ポリフェノールやタンニンなどのアク成分が溶け出ているため、茶褐色の濁りが見られる。

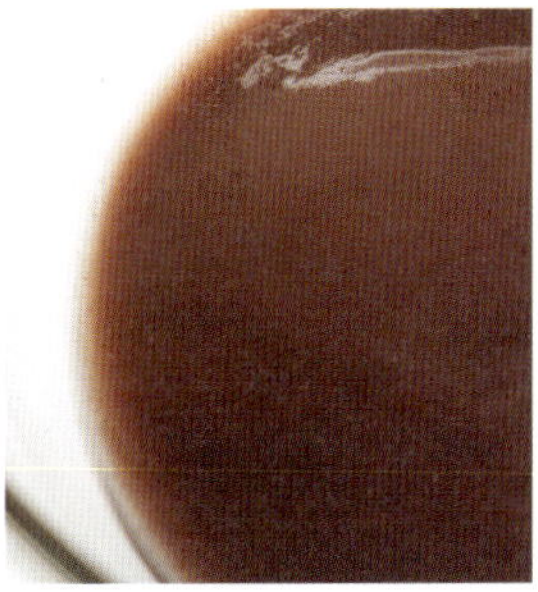

分離したあん粒子を「呉」という。本書の実験で使用した小豆のエリモショウズの平均あん粒径は100$\mu$mとされ、こしあんで目の細かなざるで裏漉ししたものは10$\mu$mほどの小さな粒子になるため、とてもなめらかな舌ざわりになる。小豆の種類や生産地が異なると粒子の大きさも多少異なる※2。

作り方

# 9

粒あん
こしあん

# 水さらし

「呉」に水を５００mL加えて５分静置し、上澄み水を捨てる作業を２回くり返す。

## 【ポイント】

### 水さらしをしてあん粒子に付着しているたんぱく質やアク成分を洗い落とす

　水さらしを行なうことで、渋きりでとり除くことができなかった小豆の種皮に多く含まれているタンニンやサポニンなど、渋味や苦味成分がとり除かれます。そのため「呉」のべたつきがなくなります。また、あん粒子に付着しているたんぱく質やでんぷんなどを洗い流すことで、加糖する際にあん粒子の中まで砂糖が浸透しやすくなります。また、たんぱく質やでんぷんが残っていると粒子の大きさが異なるため、舌ざわりの悪さにつながる可能性があります。

　壊れたあん粒子から溶け出したでんぷんや小豆の種皮の切片、タンニンやサポニンなど比重が軽いものを上澄み水に、あん粒子とともに沈殿しやすいものを「呉」に分けることができます。

### 水さらしは水（水温20℃以下）を使う

　水さらしを行なう際の水温が高いと呉の沈殿速度が遅くなります。また、この状態のあん粒子は、温かい煮汁中に沈殿しているため、腐敗などの衛生面を考えて、水さらしには水温20℃以下の水を使い、呉を早く冷まします。

### 水さらしの回数によってあんこの味わいを調整する

　回数が少ないとあんこが粘り、色も濃く、味わい深く感じます。回数が多いほどあんこの色が薄い小豆色となり、風味が弱くなるので、サラッとした舌ざわりで、上品な色ですっきりした味わいとなります。製あんメーカーや和菓子屋では、小豆の生産地や種類、季節のほか、和菓子で使う用途によって、水さらしの回数を変えています。

　また、こしあんは、水さらしすることで小豆の種皮に含まれている特有の青臭さや煮熟臭の成分もとり除かれ、渋味や苦味成分もほとんどなくなるため、粒あんとは異なる風味やすっきりした味になります。

# 実験・検証

## 【実験7】水さらしは必要か

## 【検証結果】水さらしは必要

水さらしの有無で、あんこ（粒あん）の色や官能評価、栄養成分の違いが見られるのかを実験し、検証しました。

あんこの色調については、「水さらしあり」のほうが明らかに明るい赤紫色の色調となりました。これは、水さらしによって色素やアクなどの成分や黒ずみなどがとり除かれたためと考えられます。この色は官能評価で「やや好ましい」と評価されました（**図1**）。

官能評価では、小豆の香りは、「水さらしなし」のほうが明らかに強いという結果でした。種皮に含まれる成分が残り、香りの強さに影響したのではないでしょうか。

さらに、水さらしをしたことで、小豆の皮の付着物が除かれたため、皮のかたさをダイレクトに感じたことで、皮が「やや強い（かたい）」と評価されたのではないかと考えました。実際に食べてみると、皮の歯ごたえを感じました。

総合評価は、「水さらしなし」が「普通」以下の評価に対して、「水さらしあり」は「普通」から「やや好ましい」となり、色も食感もあんことして明らかに好ましい評価となりました。

次に、小豆に多く含まれている総ポリフェノール量とタンニン量について測定しました（**図2**）。

粒あんの総ポリフェノール量は「水さらしなし」は、「水さらしあり」の1.3～1.8倍の残存量でした。さらに、渋きりも水さらしもなしの粒あんは、渋きりも水さらしもありのあんこと比較すると3.8倍の残存量となりました。タンニン量についても同様の傾向を示しました。

このことから、渋きりや水さらしをしたことによってあんこの香りや味、かたさに影響する成分が溶け出しており、製あん工程において段階的にこれらの成分が減少していくことがわかりました。

渋きりの有無によるあんこの官能評価では、いずれも同程度の評価となり、渋きりの工程を省くことが可能ではないかと考えられました（25ページ参照）。しかし、水さらしの有無では、あんこの色や香り、甘さの好ましさなどの評価が、「水さらしあり」のほうが明らかに高いため、水さらしは必要な製あん工程だと考えられます。

結果、水さらしはしたほうがよいでしょう。ただし、小豆の種類や産地、製あん方法の違いによって、水さらしの回数を調整することで、より嗜好《しこう》に合ったあんこを作ることができます。

水さらしあり　水さらしなし　水さらしあり　水さらしなし

**図1 水さらしの有無によるあんこの官能評価結果**

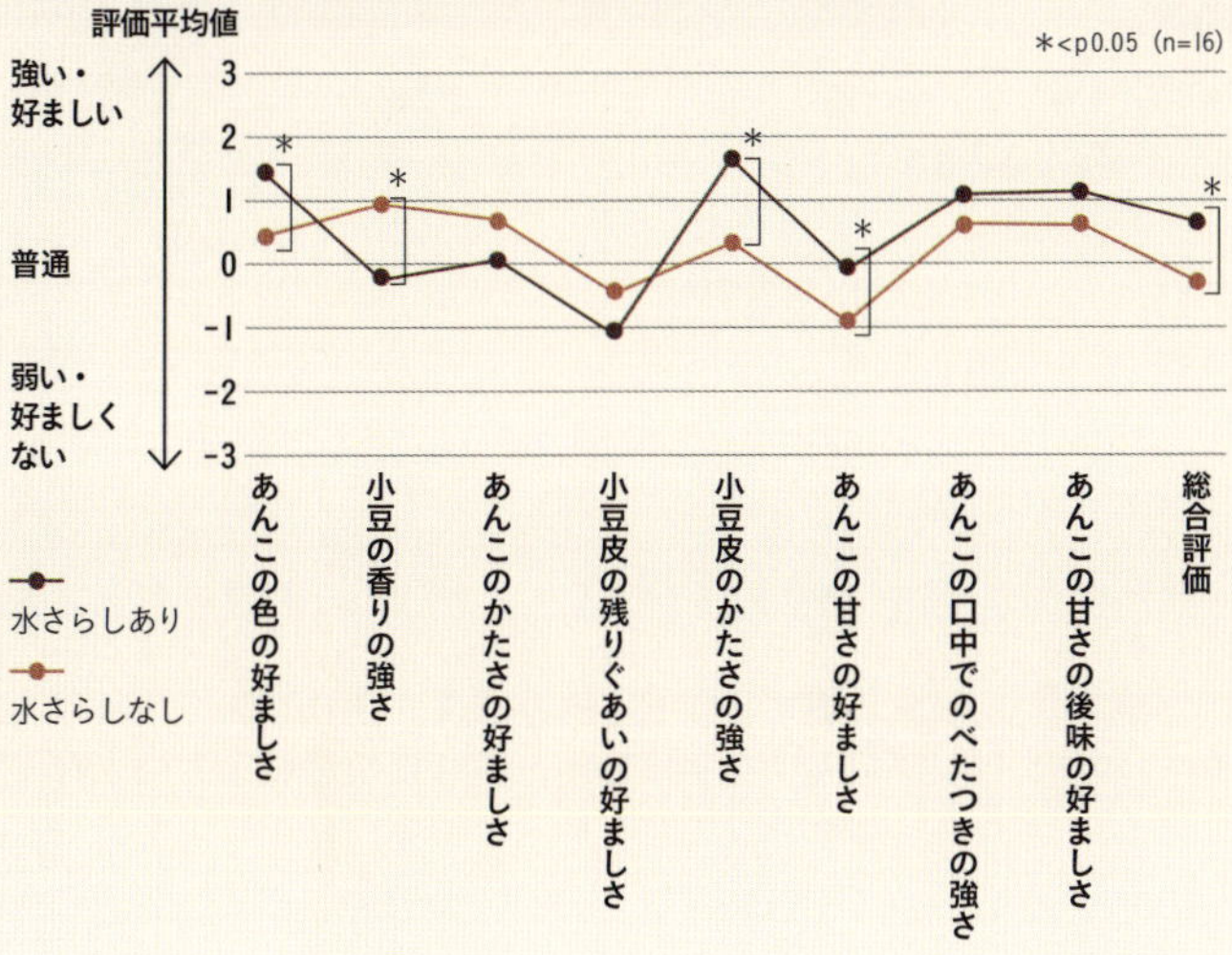


**図2 あんこ（粒あん）に含まれる総ポリフェノール量とタンニン量**

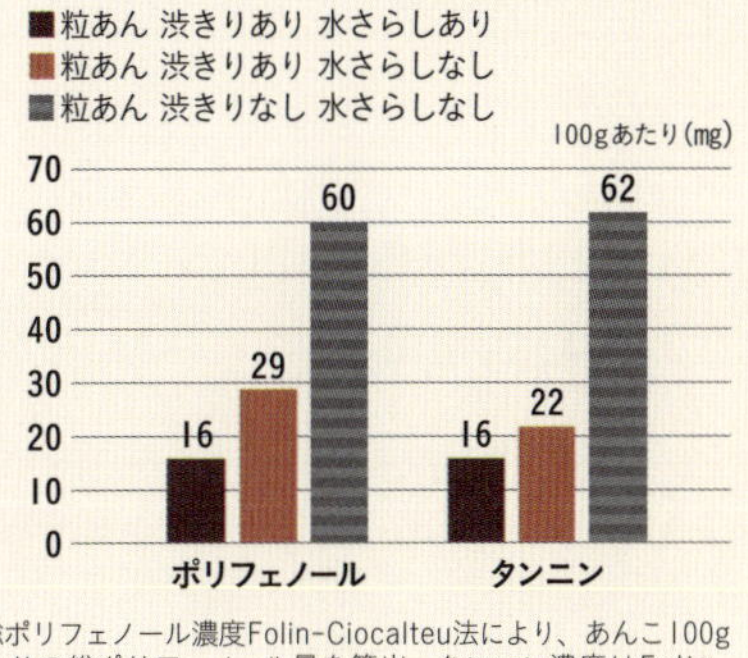


※総ポリフェノール濃度Folin-Ciocalteu法により、あんこ100gあたりの総ポリフェノール量を算出。タンニン濃度はFolin-Ciocalteu法により、あんこ100gあたりのタンニン量を測定した。

# 作り方 10

こしあん

## 脱水

裏濾しした小豆(呉)をさらし布巾にあけ、茶巾にしてしっかり絞って脱水し、「生あん」にする。

### 【ポイント】

### 「呉」を脱水して「生あん」にする

「呉」は小豆を煮たものや、それを裏漉しをしたペースト状のもので、水分と混ざった状態です。

「生あん」は「呉」を脱水したものです。「生あん」に砂糖を加えるとこしあんになり、そのまま乾燥させると「さらしあん（こしあん）」になります。

秋田県の郷土菓子の「もろこし」には小豆の粉が使われていますが、これは小豆を煎ってから粉末にしたものを材料としています。

---

**小豆からあんこになる工程で変わるあんこの名前**

作り方1 原料豆を選別する ～ 作り方5 渋切り
**小豆**

→

作り方6 本煮 ～ 作り方10 脱水
**あん粒子**

作り方6 本煮 ～ 作り方9 水さらし
**呉**

作り方10 脱水
**生あん**

→

作り方11 加糖 ～ 作り方15 保存方法
**あんこ**

---

### 生あんは保存性が低い

生あんは、冷蔵保存でも4～5日程度[※1]、冷凍保存（-18℃以下）でも1～2週間程度で品質が低下するため、小豆を生あんまで仕上げたら、できるだけ早く加糖してあんこにしましょう。冷凍保存の場合は、乾燥や酸化が原因となり、「冷凍焼け」を起こすことがあり、表面が乾燥し、色が退色し、白っぽくなります。またパサつきやすく、風味が低下し、冷凍庫内のにおいを吸着することもあります。それを防ぐために、ラップでていねいに包み、さらに密閉袋などに入れ、空気になるべく触れないように保存しましょう。

※1／畑井朝子「あんに関する最近の研究動向」調理科学20、p294-301（1987）
※2／畑井朝子「小豆あんの研究――あん粒子について――」調理科学13、p97-105（1980）

## 脱水の加減

適切に脱水した生あんのでき上がり状態は、生あんの色が薄茶色になり、大きなかたまりに割れます（水分率60〜65％程度）。乾燥小豆150gで作った場合、適切に脱水した生あんは265g程度です。

脱水しすぎると小豆の風味や栄養成分もそこなうことになります。反対に水分が残りすぎると、加糖して煮詰める過程で加熱時間が長くなり、あん粒子が壊れてしまい、あんこの風味や色、つや、舌ざわりなどに悪影響が出ます。

脱水後の生あんの歩留まりは、小豆の種類や煮熟時間によって異なります。小粒種の小豆は、大粒種に比べるとあん粒子の形状にばらつきがあり、あん粒子が壊れやすい傾向があるため、生あんの歩留まりが小さく、収量が少なくなります[※2]。家庭で作る程度の量であれば、差は感じられませんが、大量に製あんする際は、その差が明確になります。あんこの用途に応じて、味や風味、色やつや以外にも生あんを得る量も考慮して、あんこを作ります。

## 【脱水の方法】

**1** ぬらしてかたく絞ったさらし布巾をボウルかざるに敷き、裏漉しし、水さらしをした呉をさらし布巾の上にあける。

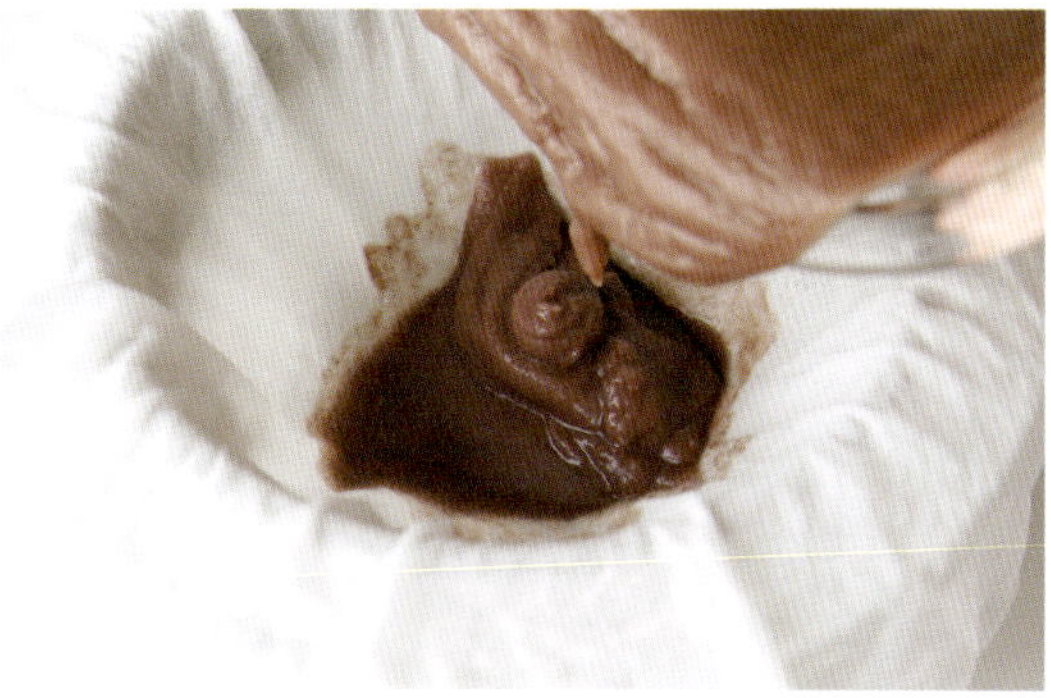

力を入れて絞るのでさらし布巾が最適。不織布のキッチンタオルなどでは破れてしまう。

---

**2** さらし布巾の四すみを閉じて茶巾にし、しっかり絞って脱水する。

茶巾の上に手のひらを置いて体重をかけるとしっかり絞れる。

---

**3** さらし布巾の中に残ったものが「生あん」。

乾燥小豆150gで作った場合、水けを適度に絞った生あんは、約265g。

しっかり水けを絞った生あん。色が薄茶色になり、大きなかたまりに割れる。水分率60〜65％程度。

絞り加減が足りない状態。生あんに必要以上の水分が残っているので、ひとかたまりになっている。

## 作り方 11

粒あん
こしあん

# 加糖

粒あんは呉に砂糖を加える。こしあんは砂糖蜜に生あんを加える。

## 【ポイント】

### 砂糖のあんこへの効果

生あんに砂糖を加えると、でんぷんの中の水分に砂糖が溶けます。また、砂糖の保水力が、でんぷんの老化（結合していた水分がなくなり、生のでんぷんのようにかたい状態にもどること）を防ぎ、あんこ特有の粘りや舌触り、つや、弾力のある食感になります。また、保香性によって小豆の香りを保ちます。

砂糖が少ないと粘りが低下し、あんの粒子の粒感をざらつきとして感じます。

### 粒あんの場合は砂糖のまま加え、こしあんの場合は砂糖蜜にして加える

砂糖蜜は、なべに水とグラニュー糖を入れて煮溶かして作ります。呉を脱水した生あんに砂糖（粉末）のまま加えると、でんぷんに残る水分が急激に脱水されるため、あんこにざらつきが見られ、食味が悪くなる可能性があります。そのため、砂糖を煮溶かした砂糖蜜に生あんを加えることによって、でんぷんに徐々に糖が浸透し、甘味をつけながらもなめらかな舌ざわりのあんことなります。

しかし、粒あんは水さらし後、脱水の工程がなく、水分も含んでいるので、砂糖蜜にせず、砂糖（粉末）をそのまま加えても問題ないでしょう。

### 新常識／砂糖や砂糖蜜は一度に入れてよい

砂糖を一度に加えると浸透圧の影響で急に脱水が起こり、皮やでんぷんがかたくなるため、２～３回に分けて加える、という方法が伝わっていましたが、最近は一度に入れても、分けて入れてもあんこの状態は変わらないため、製あん所や和菓子屋でも一度に加えることもあるようです。こしあんも粒あんも少量の場合は、あんこへの影響は少ないでしょう。

## 【砂糖の種類】

砂糖の２大原料は、砂糖きび（甘蔗《かんしょ》）と砂糖大根（甜菜《てんさい》）で、どちらもショ糖が主成分となっています。ショ糖の調理特性として、水に溶けやすく（親水性）、食品に含まれる水を脱水させ、逆に保持することもできます。

さらに、でんぷんの老化抑制、ショ糖とアミノ酸が高温下で反応することによる着色性、保香性など様々な特性があります。

砂糖は製法の違いによって種類がいくつかあり、加える砂糖によってあんこの味わいが変わります。好みやあんこの種類によって使い分けるとよいでしょう。

**白双糖《しろざら》**

キラキラとした光沢のある粒子状の砂糖。ショ糖の純度が99.9％と高いのでアクが少なく、上品であっさりとしてサラッとした甘味。

**グラニュー糖**

白双糖より粒子が細かく、光沢があり、サラサラとした粒子状の砂糖。ショ糖の純度が99.9％と高いのでアクが少なく、上品であっさりした甘味。

**上白糖**

ショ糖の純度が97.9％で、ブドウ糖と果糖でできている転化糖を少量含む砂糖。粒子が細かいため溶けやすい。甘味が強く、こくがある。

## 実験・検証

### 【実験8】どの種類の砂糖があんこに好まれるか

### 【検証結果】白双糖、グラニュー糖、上白糖の順に好まれた

小豆と砂糖3種類（グラニュー糖、白双糖、上白糖）を同量用いてそれぞれ粒あんを作り、どれが好まれるか実験し、検証しました（図）。

通常砂糖の添加量は乾燥小豆の重量に対して１００％とされますが、製菓本や製あんの資料において粒あんのほうが、こしあんより配合が多いので、乾燥小豆（１５０g）の重量に対して１１０％の添加量（１６５g）としました。いずれのあんこも小豆の香りの強さは「普通」、色は「やや好ましい」と同評価されましたが、総合評価では砂糖の種類の違いによる差異が見られました。

3種類の砂糖の中では白双糖が、総合評価において「やや好ましい」から「好ましい」と最も高く評価されました。後味の好ましさも、ほかの砂糖と比べると評価がやや高い傾向が見られます。白双糖はショ糖の純度が99・9％と高いため、雑味のないすっきりとした甘味があります。その特徴があんこの甘味の好ましさに影響したと思われます。

2番目に評価されたのはグラニュー糖で「普通」から「やや好ましい」、3番目は上白糖で「普通」という評価でした。

家庭では、白双糖と成分が類似し、入手しやすいグラニュー糖でも充分においしいあんこが作れるでしょう。

**図 砂糖の種類によるあんこの官能評価結果**

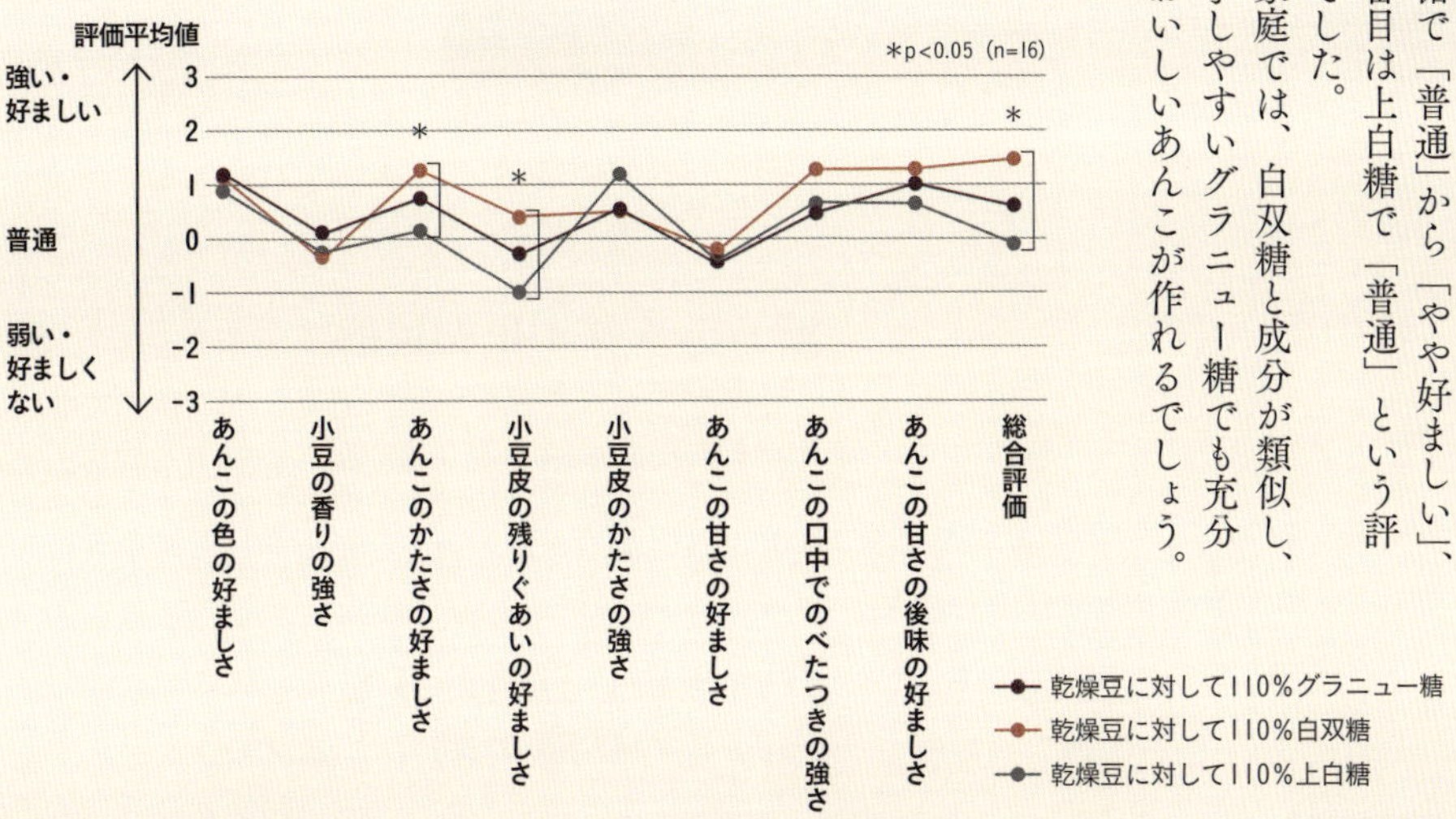

白双糖110％（165g）
白双糖110％粒あん

グラニュー糖110％（165g）
グラニュー糖110％粒あん

上白糖110％（165g）
上白糖110％粒あん

作り方

# 12

粒あん
こしあん

# 煮詰《っ》め

へらで混ぜながら強火で6～7分、強中火にして5～6分、次に中火にして3～4分炊く。

## 【ポイント】

### 火加減は強火→強中火→中火

加糖したらへらで攪拌《かくはん》しながら強火で６～７分、強中火にして５～６分炊き、次に中火にしてさらに３～４分炊きます。小豆のでんぷんは強靭なたんぱく質（グロブリン）で包まれており、加熱するとまず、たんぱく質が熱凝固し、次にでんぷんが糊化します。そのまま個々のあん粒子が分離するため、小豆あんこ特有の粒感とほくほくしたテクスチャー（食感）が出ます。

加熱している間、つねにぐつぐつと沸騰した状態（95～98℃程度）を保持しながら炊きます。これは、糖をカラメル化させるためと、できるだけ短時間で炊き上げるためです。よって、強火で練り上げると色もつやもよく仕上がり、保存性も高まります。反対に、火加減が弱く、必要以上に長時間加熱し続けると、あん粒子が破れ、でんぷんが溶け出し、粘りやべたつきのある質のよくないあんこになってしまいます。

### 糖のカラメル化が目的

砂糖を加えて高温で加熱することで、糖のカラメル化（糖を高温加熱することで起こる脱水と酸化反応）が起こり、あんこに独特の風味を加えます。そのため、あんこは、弱火でなく強火～中火で炊きます。

### 煮始めから煮終わりまで あんこの状態が刻々と変わる

加糖後すぐの煮始めは、あんこが液状に近いゆるい状態です。加熱が進むとペースト状となり、煮終わりになると粘度の高い状態になります。強火～中火で炊くため、刻々とあんこの状態が変わりますので、様子を注意深く見ながらかき混ぜたり、火加減をしたりして焦げないように煮詰めてください。

## なべ肌をきれいにしながらかき混ぜる

なべ肌にあんこがついたまま加熱するとその部分のあんこが焦げて味をそこないます。炊いている途中、なべ肌についたあんこをきれいにぬぐいながら炊きましょう。耐熱性のゴムべらが作業しやすいでしょう。

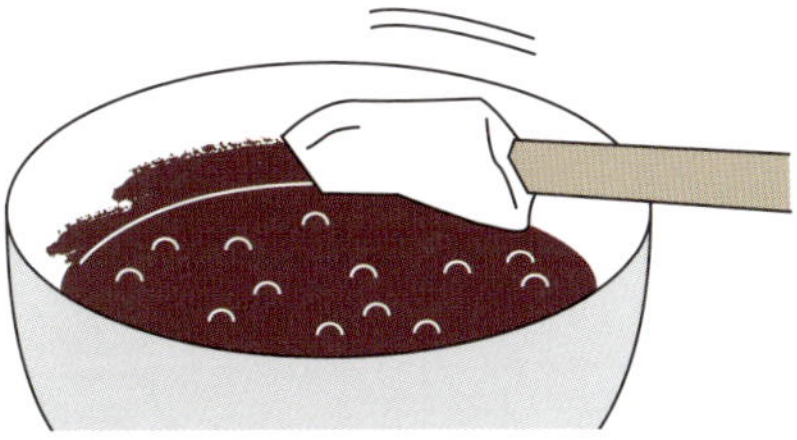

## あまりへら数を入れない

煮ている間、あまりへら数（へらでかき混ぜる回数）を入れないようにします。かき混ぜすぎると、あん粒子同士の摩擦により、細胞膜が破れ、でんぷんの露出が多くなり、色が退色して舌ざわりのべたついた仕上がりになるためです※。かき混ぜ方は、なべ肌側から中側へと同じ動作でへらをまわします。

※／畑井朝子「餡に関する最近の研究動向」調理科学20、p294-301（1987）

## やけどに注意！

あんこの煮始めは液状のため、沸騰した熱いあんこが広範囲に飛ぶので、やけどに注意してください。加熱が進むとあんこがあまり飛ばなくなります。

## 【煮詰めの過程】

煮始めから煮終わりまで、刻々とあんこの状態が変わりますので、様子を注意深く見ながらかき混ぜたり火加減をしたりしましょう。

こしあん　粒あん

### 煮始め（液状）
### 火加減／強火で6～7分加熱

加糖後すぐの煮始めのあんこは、液状に近いゆるい状態。沸騰したあんこが広範囲に飛ぶのでやけどに注意すること。

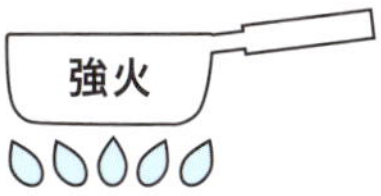


### 煮半ば（ペースト状）
### 火加減／強中火で5～6分加熱

加熱が進むとペースト状となる。火加減を少し弱くして強中火にする。

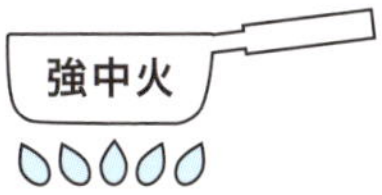


### 煮終わり（粘度の高い状態）
### 火加減／中火で3～4分加熱

煮終わりになると粘度の高い状態になる。へらにとって垂直に落とすと山形になるくらいのかたさになるとでき上がり。

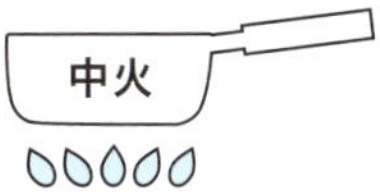

作り方

# 13

粒あん
こしあん

# 炊き上がり

適度な水分になるまでしっかり炊き上げる。あんこをへらですくいとって垂直に落とすと、粒あんはもったり、こしあんはしっかりとした山形になるくらいのかたさが炊き上がりの目安。

## 【ポイント】

### 炊き上がりの目安

あんこは冷めたときに、ややかたくなる（しまる）ような状態のものがよいとされます。あんこの種類によって、この状態になるときの炊き上がりの状態が違います。

粒あんの場合は、皮を含み、砂糖の添加量も多いため、冷めるとこしあんよりかたくなる傾向があります。よって、粒あんの炊き上がりのかたさの目安は、あんこをへらですくいとって垂直に落とすと「もったりとした山形ぐらい」としています。こしあんは「しっかりとした山形ぐらい」が目安です。

製あんメーカーや和菓子屋では、あんこの炊き上がりを一定にするため、見た目の状態の観察だけでなく、糖度計で糖度を測定し、数値で管理したりします。

炊き上がったときの水分が多いと、あん粒子が分散しているので、やわらかいあんこになりますが、あん粒子のざらつきを感じやすく食味が悪くなります。さらに、色やつやが悪くなる、日持ちがしない、腐敗の原因となるなどのため、それぞれの炊き上がりの目安に合わせて、しっかり水分を蒸発させましょう。

あんこは、高温短時間で製あんすることで、あん粒子の内外に糖度の高い砂糖蜜が存在するため、粘度が出て、あんこ特有の食感になります。

### あんこの山の作り方

へらであんこをすくう。

→

へらを垂直にしてなべ底に当ててあんこを落とす。

→

へらを垂直のまま上に持ち上げる。

## 糖度の「含糖率」と「配糖率」

炊き上がりのあんこの重量に対して、加えた砂糖の割合を「含糖率」といいます[※1]（例／炊き上がりのあんこ500gに対して加えた砂糖が200gの場合、含糖率は40%となる）。

含糖率が60～70%ぐらい高くなると砂糖が過飽和となり、あんこが冷めると砂糖の結晶化が生じ、じゃりじゃりとした舌ざわりになってしまいます。その際、結晶化を防ぐために、炊き上がりまぎわに火を消して、砂糖の10%程度を水あめに置きかえて加えることがあります。結晶化のことを製あんの専門用語で「シャリ」と呼ぶことがあります[※2]。

生あんの重量に対して加えた砂糖の割合を「配糖率」といいます[※1]（例／生あん500gに対して加えた砂糖が200gの場合、配糖率は40%となる）。生あんに砂糖を加えて練り上げたあんこは、添加する砂糖の量の割合によって「並あん」、「中割《ちゅうわり》あん」、「上割《じょうわり》あん」と分類され、かたさや味、日持ちなどが異なり、和菓子への用途もそれぞれ違います。

配糖率が高くなるにつれて、水分含有率も低くなり、あんこもかたくなります。さらに水分が少なくなるため、腐りにくく、日持ちのするあんこになります。

## 配糖率違いのあんこ

### 生あん

砂糖が添加されていないあん粒子の状態（60～65%程度の水分を含む）。

### 並あん

生あんに対して砂糖を55～70%添加したあんこ。糖度はBrix[※]55～58。こしあん、粒あんなどは並生菓子用として蒸し物や焼き物、まんじゅう類などに使用される。

### 中割あん

生あんに対して砂糖を70～75%程度添加したあんこ。糖度はBrix59～64。並あんに比べて、色や風味がよく、保存性もあるため、半生菓子や焼き菓子類などの材料に使用される。

### 上割あん

生あんに対して砂糖を75%以上添加したあんこ。糖度はBrix65～68以上。日持ちがする干菓子類などに使用される。炊き上がりに水あめを加えて砂糖の結晶化を防ぐこともある。水分が少ないため、つやがなくなり、色味も暗い赤褐色になる。

最近では、低糖度のあんこも好まれるため、並あんよりさらに砂糖の量を減らしたあんこや、低エネルギー甘味料のエリスリトールやスクラロースなどを使ったあんこもあります。

※Brixとは、液体中に溶けている固形分量を示す尺度。

## あんこの色

小豆の産地や種類などによって、炊き上がりのあんこの色が違います。さらに製あん時の煮詰め温度や煮熟、煮詰め時間によって、色やつやが違います。

上生菓子や大福などの和菓子では、あんこの色は紫～藤紫色が上品で美しい色とされます（右写真上）。一方で海外産や品質が低い小豆を使ったり、砂糖以外の糖類（ソルビトールなど）を使ったりしたあんこは、赤みのある茶色（右写真下）や黒みの強い紫色になることがあります。このようなあんこは、低価格で作れるため、副材料を加えた加工あんや大量生産するあんこ、中割あんなど砂糖の甘味が強いあんことして使用することがあります。

あんこの色調や風味の好みは地域や個人によって違います。東北地方ではやや黒っぽい色、中部地方では紫～藤色、南下するにつれて赤色の濃いものが好まれる傾向があります。風味は中部地方はあっさりしたもの、南下するにつれて甘味が強いあんこが好まれます[※4]。その土地の風土や食文化などのほか、年代や時代によってもあんこの嗜好性は変化するようです。

藤色のこしあん

赤色のこしあん

※1／堀正幸「和菓子技とこつ」柴田書店（1998）
※2／武田仁、的場研二、「餡」的場製餡所 p231（1979）
※3／公益社団法人日本豆類協会「新豆類百科」(2015)
※4／畑井朝子「小豆の調理特性」調理科学27、p238-242（1994）：諸説あり

作り方

# 14

粒あん
こしあん

# 冷まし方

炊き上がったあんこは、バットなどに小分けにしてのせ、素早く平らにならして室温まで冷ます。

## 【ポイント】

### 炊き上がったあんこは、素早く室温まで冷ます

あんこは表面から水分が蒸発して乾燥します。そのままにすると、あんこの色やつやが失われていきます。また、熱いままだとあんこの中心部分に「ヤケ」が起きてしまいます。「ヤケ」が進行するとあんこが酸化してpHが低下し、黒ずんだり、風味や香りが変わったりして品質の劣化や日持ちなどに影響します※。

それらを防ぐために、できるだけ素早く室温程度まで冷まし、あんこの表面がかわかないように、ぬらしたさらし布巾やラップなどでおおいます。

あんこを10kg以上一度に炊く製あんメーカーや和菓子屋では、あんこを番重（菓子などを入れる大きな重箱）などの容器に小分けにして移しかえ、木べらであんこを切るように空気を入れ、次に平らにならす作業をして冷まします。

### バットなどに小分けにしてのせ、平らにならす

表面積を広げることで、熱を素早く下げることができます。なべ中にあんこを入れたまま冷ますとなべの余熱があんこに伝熱し、水分蒸発を促進させるため、あんこがかたくなってしまいます。それを防ぐために、なべからとり出して、冷ましたほうがよいでしょう。特に銅製のなべだとあんこを入れたままにしておくと緑青《りょうしょう》が出ることがあるので、加熱後はすぐになべからとり出しましょう。緑青とは、銅が空気中の酸素や湿気、または酸性成分と反応することでなべの表面に発生する緑青色の層のことです。無毒ですが、あんこの色を変色させたり、風味が悪くなったりするため、注意しましょう。

## あんこは1日おくとよりおいしくなる

製あん直後と1日おいたあんこでは、舌ざわりや味、甘味が変化します。それは砂糖の保水性や保香性などの効果です。

1日おいたあんこは、でんぷんの水分を保持し、あん粒子同士がつながって粘度を出すため、瑞々しくて一体感のあるなめらかな舌ざわりのあんこになります。

また、あん粒子に砂糖の甘さが浸透し、小豆と砂糖に一体感が出て、しっかりした甘味を感じられます。

※武井仁、的場研二「餡」的場製餡所、p225-226（1979）

1日おいた粒あん

実験・検証

## 【実験9】あんこの適当な冷まし方

### 【検証結果】なべ中でもバットに広げても少量だと大きな差はない

あんこの冷まし方の違いが、あんこにどのような影響を与えるか実験し、検証しました（図）。

乾燥小豆（150g）を炊き上げたあんこ（炊き上がり約500g）は、なべ中に入れた状態で室温に冷ましたものと、熱いうちにあんこをバットに小分けしてのせて平らに広げて室温に冷ましたものの2種類としました。

どちらのあんこも香りやかたさ、総合評価に差は見られませんでした。

今回の実験のようにあんこのでき上がり量が500g前後では、少量なので早く冷めるため、いずれも大きな差がなかったと見られます。

しかし、大量に炊く製あんメーカーや和菓子屋の場合は、熱伝導率のよい釜を使って大量のあんこを作るため、なべ中で冷ますのは効率が悪く、さらに中心温度が下がりにくく、「ヤケ」を生じやすいと考えられるので、番重などに広げて、できるだけ早く熱をとります。

いずれにしても品質の劣化や日持ちが悪くならないよう、あんこは作りたてを素早く冷ましたほうがよいでしょう。

冷ましている途中で、あんこの表面がかわいた場合は、混ぜ直してほかの部分のあんこの水分で補うとよいでしょう。

図 あんこの冷まし方の違いによる官能評価結果(n.s.)

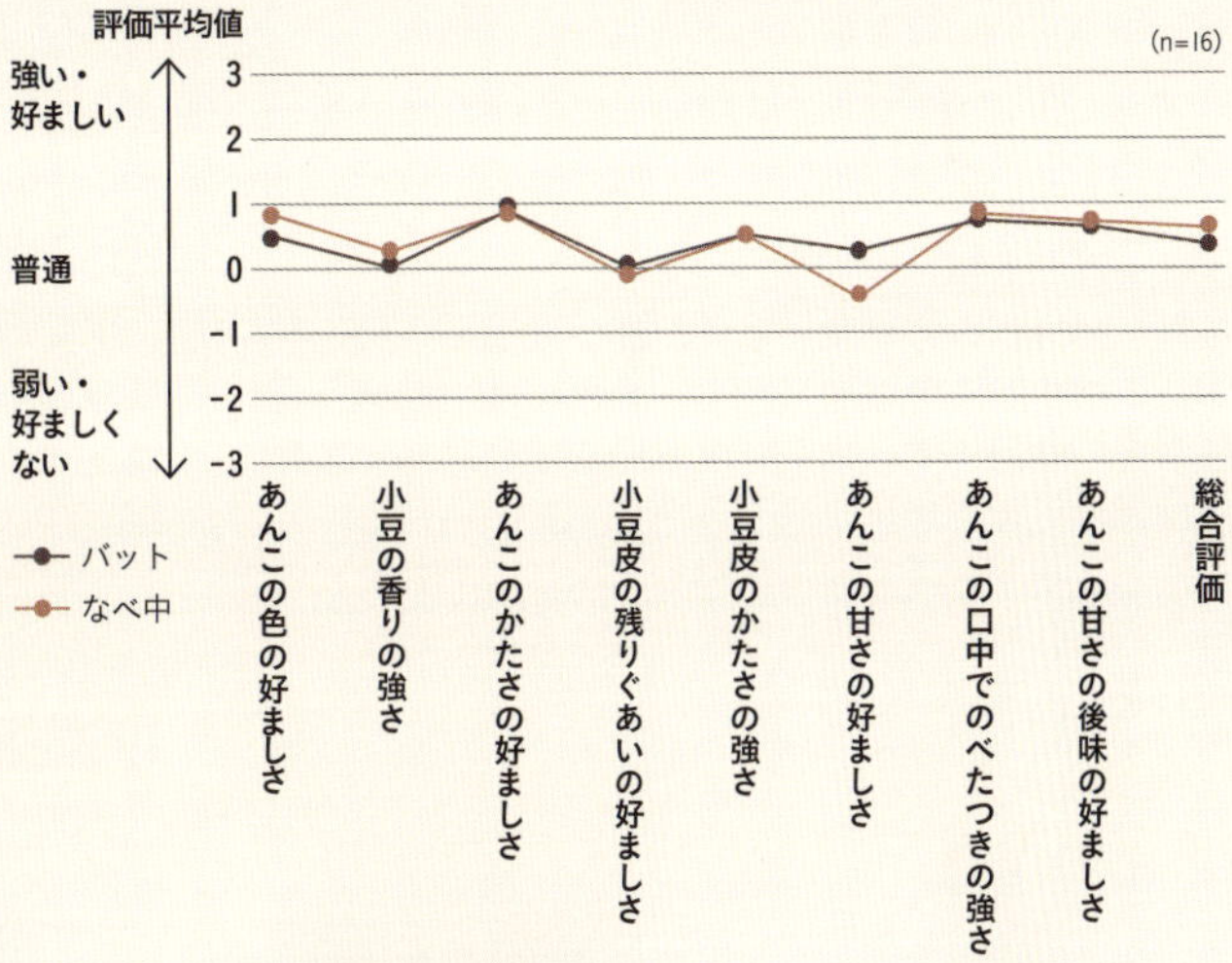

炊き上がったらそのままなべの中で室温まで冷ましたあんこ

炊き上がったらすぐにバットに小分けしてのせて平らに広げて室温まで冷ましたあんこ

作り方

# 15

粒あん
こしあん

# 保存方法

室温まで冷ましたあんこを小分けにし、密閉袋に入れて2cm程度の厚みになるように平らにして空気を抜いて保存する。

## 【ポイント】

### あんこの保存

あんこは砂糖の添加量が多く、高い浸透圧と保水性により、微生物の活動を抑制し、増殖を防ぐため、保存性が高い食品です。冷蔵で2週間程度、冷凍で1か月程度保存可能です。

しかし、冷蔵保存も冷凍保存もあんこの品質や食味が低下するため、できるだけ早く食べきることをおすすめします。

### 生あんの保存

生あんを冷凍し、解凍後、加糖してあんこを作る場合もあります。しかし、生あんは冷凍保存するとあん粒子に氷の結晶ができ、それが日ごとに大きくなり、品質をそこなう原因となります。生あんを冷凍する場合は10日間程度を目安に、早めに製あんしたほうがよいでしょう[※1]。

### 冷蔵保存

あんこの保存性は、製あんによるあん粒子の状態や貯蔵温度などによって異なりますが、低温の環境は、微生物の活動を抑制し、増殖を防ぎます。しかし、冷蔵保存は、食味や色、つやなどの低下が見られるため、1〜2週間程度で食べきるようにしましょう。

### 冷凍保存

冷凍することで腐敗を防止することは可能ですが、細胞内にある水が凍って、冷凍日数が長くなるにつれて氷の結晶が大きくなり、あん粒子が膨張して、組織を傷つけたり、破壊したりします。これを解凍すると、氷がとけて組織が破壊され、水とともに様々な栄養成分が溶け出し、味や風味、瑞々しさなどが失われます。

また、あんこを密閉袋に入れて空気を抜いても、長期冷凍保存すると、あんこ表面の水分が蒸発し、乾燥して色が変化し、風味をそこなうことがあります。1か月程度を目安に食べきるようにしましょう[※2]。

※1／畑井朝子「小豆あんの研究ーあん粒子についてー」調理科学13、2、p97〜105(1980)
※2／ 畑井朝子「あんに関する最近の研究動向」調理科学20、p97〜301(1987)
https://www.jstage.jst.go.jp/article/cookeryscience1968/20/4/20_294/_pdf

## 密閉袋に入れて、なるべく空気を抜く

空気によってあんこが酸化されると色や風味が落ちるため、保存袋に入れたら空気を抜いて密封するとよいでしょう。または、ラップなどでぴっちりと包むとよいでしょう。

## 丸めてから冷凍するのもおすすめ

和菓子で使うあんことしての用途があれば、使う分量に合わせて分割し、丸めたものを冷凍しておくと、和菓子を作るときに作業性もよく、衛生的にもよいのでおすすめです。

バットに丸めたあんこを並べて冷凍し、密閉袋に移しかえて保存すると便利です。

## あんこの厚みは2cm程度で平らにする

冷凍して解凍するときに、厚みがあったり、厚みに差があったりすると均一に解凍しにくくなります。密閉袋などに入れて2cm程度の厚さで均一に平らにし、空気を抜いて密閉します。

## 小分けにして冷凍保存する

あんこの糖度が高いと凍結温度が低くなるため、冷凍に時間がかかることがあります。あんこの作り方や冷凍庫のサイズなどによっても異なりますが、一般的に-18℃であんこの糖度が40%を超えると冷凍されにくくなるといわれています。

1回に使う量に小分けにして保存するとよいでしょう。75〜150gが目安です。冷凍したり解凍したりしやすい量です。また、使いたい分量だけを使え、解凍できます。

## 冷凍したあんこの解凍方法

あんこを150gと75gに分けて密閉袋に入れて24時間冷凍したものを、解凍する方法を検討しました。下記の方法がおすすめです。

### 電子レンジ解凍（500W）

150g：1分加熱。
75g：30秒加熱。

### 浸水解凍（水温20℃）

150g、75gともにボウルにためた水に袋ごと15分程度浸す。

| | 冷凍の状態 | 電子レンジ解凍 | 浸水解凍 |
|---|---|---|---|
| 粒あん150g |  |  |  |
| 粒あん75g |  | 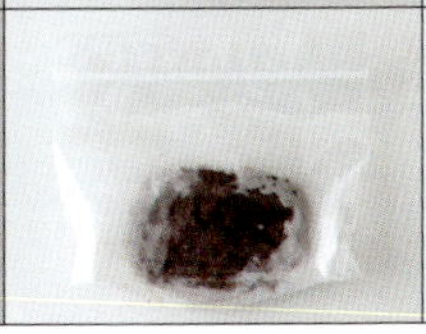 |  |

浸水解凍した粒あん

電子レンジ解凍した粒あん

# 2章 究極のあんこの炊き方

16～45ページの製あん工程のポイントや実験・検証結果をふまえ、「これこそおいしいあんこ！」といえる、究極のあんこの炊き方を提案します。小豆あんをはじめ、代表的なあんこの炊き方も紹介します。

# 究極のこしあん

器具／なべ（口径18～21㎝程度）、ざる（目のあらいざると細かいざるの2種類）、ボウル（口径24～27㎝程度）、木べら・ゴムべら、平バット

**材料／でき上がり約400g**

小豆……150g
グラニュー糖
（乾燥豆の重量の100%）……150g

なめらかで小豆の香りを味わうこしあんにするために皮と呉の分離をやさしくていねいに行ないます。2度の裏漉しでさらに口どけがよくなります。砂糖があん粒子にゆっくり浸透する方法で炊きます。

## 1 原料豆を選別する

小豆は粒の大きさをある程度そろえ、石豆、ひね豆、虫食い豆、割れている豆などをとり除く。

## 2 豆を洗う

小豆をボウルに入れ、豆を傷つけないようにていねいに水洗いする。ざるにあけて水けをきる。

### 前炊き

## 3 煮《に》熟《じゅく》

洗った小豆を乾燥小豆の重量の3倍の水450mLとともになべに入れて強火にかけ、途中でびっくり水を3回加えながら煮る。

## 4 びっくり水（しわ伸ばし水）

強火で煮熟を始めて沸騰したら水400mLを一気に加えて煮汁の温度を下げる。合計3回くり返す。再沸騰したら強火で5分煮る。※加える水を「びっくり水（しわ伸ばし水）」という。

1回目

水400mL

2回目

水400mL

3回目

水400mL

## 5 渋きり

小豆をざるにあけて煮汁をきる。

### 本炊き

## 6 本煮（本炊き）

渋きりした小豆と乾燥小豆の重量の3倍の水450mLをなべに入れて強火にかけ、途中で差し水を3回しながら豆がやわらかくなるまで煮る。

## 7 差し水

強火で本煮を始めて沸騰したら強中火にする。煮始めてから15分後に水400mL→15分後に熱湯400mL→10分後に熱湯200mLを加える。アクや浮いた皮などを除きながら豆がやわらかくなるまでさらに10分程度煮る。※加える水や湯を「差し水」という。

**究極ポイント** 本煮が30分を過ぎると豆の腹切れが多くなるため、2回目以降は熱湯を加えて煮汁の温度変化を少なくし、豆をやわらかく煮る。火加減も吹きこぼれない程度の強火に調整する。

1回目

水400mL

2回目

熱湯400mL

3回目

熱湯200mL

**本炊き**

### 煮熟の確認

途中、へらの上に小豆を数粒とり出し、菜箸《さいばし》などで軽い力で押すと容易につぶれるやわらかさに煮えているか確認する。

**生あん**

### 8 皮と呉を分離する（あんずり）

小豆を目のあらいざるで裏漉《ご》ししたあと、残った皮に水をかけて洗う。さらに目の細かなざるで裏漉しする。

**究極ポイント** 目のあらいざるで裏漉ししたあと、皮に呉が残らないように、分量外の水を皮にかけながら呉を洗い流す。これはこしあんの収量（歩留まり）にも影響する。

そのまま静置し、分離した上澄み水を静かに捨てる。※裏漉しして沈殿した小豆を「呉」といい、皮と分離した「あん粒子」である。

呉

### 9 水さらし

**究極ポイント** 分離後の「呉」に水500mLを加えて5分静置し、上澄み水を捨てる。この作業を合計2回くり返す。

※こしあんは、水さらしの回数が多くなるほど、色が淡く、さっぱりとしたあんこになるため、菓子の用途に合わせて回数を調整する。

1回目

2回目

### 10 脱水

水さらしをした「呉」をさらし布巾にあけ、茶巾にしてしっかり絞って脱水する。※脱水した「呉」は「生あん」という。

生あん

**あん炊き**

### 11 加糖

なべに水100mLとグラニュー糖を入れ、火にかけて煮溶かして砂糖蜜を作り、10の生あんを加えて加熱する。

**究極ポイント** あん粒子に砂糖が均等に浸透するように、砂糖蜜を作ってから生あんを加える。

### 12 煮詰《つ》め

へらで混ぜながら強火で6～7分、強中火にして5～6分、中火にして3～4分炊く。液状からペースト状となり、粘度の高いあんこの状態となる。

### 13 炊き上がり

適度な水分になるまでしっかり炊き上げる。あんこをへらですくいとって垂直に落とすと、しっかりとした山形になるくらいのかたさになったら炊き上がりの目安。

**究極ポイント** こしあんは、小豆の皮がないため粒あんよりゆるく仕上がるので、ややかために炊き上げる。

### 14 冷まし方・15 保存方法

バットなどに小分けにしてのせ、平らにならして室温まで冷ます。冷めたら小分けにし、密閉袋やラップなどに包む。冷凍で1か月程度、冷蔵で2週間程度保存可能。

# 究極の粒あん

器具／なべ（口径18～21㎝程度）、
ざる、ボウル（口径24～27㎝程度）、
木べら・ゴムべら、平バット

**材料／でき上がり約480g**

小豆 …… 150g
グラニュー糖
（乾燥豆の重量の110％）…… 165g

粒あんは、皮のかたさや香りなどもおいしさに影響します。煮熟と本煮では、びっくり水や差し水の温度や量、タイミングを見きわめ、渋きりや水さらしもていねいに行なうことで雑味のないあんこができます。

---

### 1　原料豆を選別する

小豆は粒の大きさをある程度そろえ、石豆、ひね豆、虫食い豆、割れている豆などをとり除く。

### 2　豆を洗う

小豆をボウルに入れ、豆を傷つけないようにていねいに水洗いする。ざるにあけて水けをきる。

## 前炊き

### 3　煮《に》熟《じゅく》

洗った小豆を乾燥小豆の重量の3倍の水450mLとともになべに入れて強火にかけ、途中でびっくり水を3回加えながら煮る。

### 4　びっくり水

強火で煮熟を始めて沸騰したら水400mLを一気に加えて煮汁の温度を下げる。合計3回くり返す。再沸騰したら強火で5分煮る。※加える水を「びっくり水（しわ伸ばし水）」という。

水400mL　水400mL　水400mL

### 5　渋きり

煮熟した小豆をざるにあけて煮汁をきる。

## 本炊き

### 6　本煮（本炊き）

**究極ポイント** 渋きりした小豆と、乾燥小豆の重量の3倍の水450mLをなべに入れて強火にかけ、途中で差し水を3回しながら豆がやわらかくなるまで煮る。激しい対流で豆が必要以上に触れ合わない程度の火加減にする。

### 7　差し水

強火で本煮を始めて沸騰したら強中火にする。煮始めてから15分後に水400mL→15分後に熱湯400mL→10分後に熱湯200mLを加える。アクや浮いた皮を除き、豆がやわらかくなるまでさらに10分程度煮る。※加える水や湯を「差し水」という。

**究極ポイント** 本煮が30分を過ぎると豆の腹切れが多くなるため、2回目以降は熱湯を加えて煮汁の温度変化を少なくし、豆をやわらかく煮る。火加減も吹きこぼれない程度の強火に調整する。

水400mL　熱湯400mL　熱湯200mL

## 本炊き

### 煮熟の確認

途中、へらの上に小豆を数粒とり出し、菜箸などで軽い力で押すと容易につぶれるやわらかさに煮えているか確認する。

### 呉を上澄み水と分離する

ボウルに移し、そのまま静置し、小豆（呉）と上澄み水を分離させたあと、上澄み水を静かにボウルの縁から捨てる。

小豆（呉）

## 生あん

工程なし　8 皮と呉を分離する（あんずり）

### 9 水さらし

究極ポイント 分離後の呉に水500mLを加えて５分静置し、上澄み水を捨てる。この作業を合計２回くり返す。

※水さらしの回数が多くなるほど、色が淡く、さっぱりとしたあんこになるため、菓子の用途に合わせて回数を調整する。

工程なし　10 脱水

## あん炊き

### 11 加糖

なべに水さらし後の呉を入れて強火にかけ、沸騰したらグラニュー糖を加える。

### 12 煮詰め

へらで混ぜながら強火で６〜７分、強中火にして５〜６分、中火にして３〜４分炊く。液状からペースト状となり、粘度の高いあんこの状態となる。

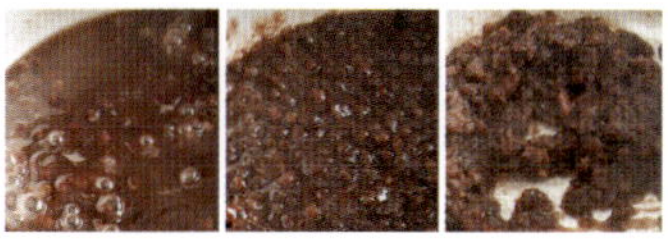

### 13 炊き上がり

究極ポイント 適度な水分になるまでしっかり炊き上げる。あんこをへらですくいとって垂直に落とすと、もったりとした山形になるくらいのかたさになったら炊き上がりの目安。※粒あんは冷めるとかたくなるため、こしあんよりややわらかめに炊き上げる。

### 14 冷まし方・15 保存方法

バットなどに小分けにしてのせ、平らにならして室温まで冷ます。冷めたら小分けにし、密閉袋やラップなどに包む。冷凍で１か月程度、冷蔵で２週間程度保存可能。

# 簡単粒あん

**器具**／なべ（口径18～21㎝程度）、ざる、ボウル（口径24～27㎝程度）、木べら・ゴムべら、平バット

**材料／でき上がり約480g**

小豆 ······ 150g
グラニュー糖
（乾燥豆の重量の110％）······ 165g

製あん工程でびっくり水や渋きりを省略し、小豆本来の色合いや味を楽しむ簡単粒あん。工程を省略した分、最終的には、水さらしで苦味や渋味、色を調整し、おいしく時短できる製あん方法です。

前炊き

## 1 原料豆を選別する

小豆は粒の大きさをある程度そろえ、石豆、ひね豆、虫食い豆、割れている豆などをとり除く。

## 2 小豆を洗う

小豆をボウルに入れ、豆を傷つけないようにていねいに水洗いする。ざるにあけて水けをきる。

## 3 煮熟

**究極ポイント** 洗った小豆と乾燥小豆の重量の6倍の水900mLとともになべに入れて強火にかけ、沸騰させる。強中火に加減して豆のしわが伸びてふっくらするまで15～20分程度煮る。

※15分程度の加熱で煮汁が小豆より上2～3㎝を維持する水量として、900mLとした。※火加減によっては煮汁の水位が小豆より上2～3㎝以下になる場合があるため、熱湯を注いで煮汁を補う。

本炊き

## 工程省略 4 びっくり水（しわ伸ばし水）

## 工程省略 5 渋きり

## 6 本煮（本炊き）

小豆のしわが伸びたことを確認したら水400mLを加え、強中火で15分後に熱湯400mL→10分後に熱湯200mLを加える。アクや浮いた皮などを除きながら豆がやわらかくなるまでさらに10分程度煮る。

## 7 差し水

※加える水や湯を「差し水」という。

**究極ポイント** 水温の温度差によって生じるとされる腹切れの豆が多い場合は、差し水を熱湯にかえて煮る。

1回目

水400mL

2回目

熱湯400mL

3回目

熱湯200mL

### 煮熟の確認

途中、へらの上に小豆を数粒とり出し、菜箸などで軽い力で押すと容易につぶれるやわらかさに煮えているか確認する。

**究極ポイント** びっくり水と渋きりを行なわず、高温を維持しながら加熱しているため、究極の粒あんより、10分程度、煮熟時間を短縮できる。

本炊き

### 呉を上澄み水と分離する

ボウルに移し、そのまま静置し、上澄み水と小豆（呉）を分離させた後、上澄み水を静かにボウルの縁から捨てる。

生あん

### 工程なし　8 皮と呉を分離する（あんずり）

### 9 水さらし

分離後、呉に水を500 mLを加えて5分静置し、上澄み水を捨てる。この作業を2～3回くり返す。

**究極ポイント** 苦味や渋味が残っている状態のため、水さらしはていねいに行なう。上澄み水が濁っている場合は、追加で水さらしを行なう。水さらしの回数を減らすと小豆本来の色味や味わいを残せます。

### 工程なし　10 脱水

あん炊き

### 11 加糖

なべに水さらし後の呉を入れて強火にかけ、沸騰したらグラニュー糖を加える。

### 12 煮詰め

へらで混ぜながら強火で6～7分、強中火にして5～6分、中火にして3～4分炊く。液状からペースト状となり、粘度の高いあんこの状態となる。

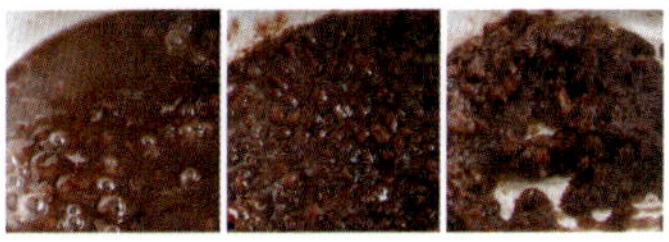

### 13 炊き上がり

適度な水分になるまでしっかり炊き上げる。あんこをへらですくいとって垂直に落とすと、もったりとした山形になるくらいのかたさになったら炊き上がりの目安。※粒あんは冷めるとかたくなるため、こしあんよりややわらかめに炊き上げる。

### 14 冷まし方・15 保存方法

バットなどに小分けにしてのせ、平らにならして室温まで冷ます。冷めたら小分けにし、密閉袋やラップなどに包む。冷凍で1か月程度、冷蔵で2週間程度保存可能。

# 小倉あん

小倉あんは、こしあんに蜜漬けした小豆を加えたもの。あんこの中に粒状の小豆が混ざっている様子が、京都の小倉山にゆかりのある子鹿のまだら模様に似ているから命名されたとか。粒あん（つぶしあん）と混同されがちですが、別物。小豆の蜜漬けの風味や食感があんことして別格で味わい深いです。ようかんやどら焼きなど、あんこそのものを楽しむ和菓子によく使われます。

器具／なべ（口径15cmと口径18～21cm）、ざる、ボウル（口径24～27cm 程度）、落としぶた（キッチンタオルなどでもよい）、木べら・ゴムべら、平バット

## 材料／でき上がり約300g

| | | |
|---|---|---|
| | こしあん（48ページ） | 200g |
| | 水 | 100mL |
| 小豆の蜜漬け※ | 大納言小豆 | 100g |
| | 重曹 | 2g |
| | 水 | 500mL |
| 砂糖蜜 | グラニュー糖 | 300g |
| | 水 | 400mL |

※丹波大納言使用。でき上がり約300g。作りやすい量とした。小倉あんで使用するのは、でき上がりの⅓量。残りは小豆の蜜漬けとして、和菓子などでも使用できる。

## 1日目

### 1 原料豆の選別をする

小豆の粒の大きさをある程度そろえ、石豆、ひね豆、虫食い豆、割れている豆などをとり除く。

### 2 豆を洗う

小豆をボウルに入れ、小豆を傷つけないようにていねいに水洗いする。ざるにあけて水けをきる。

### 3 浸漬《しんせき》

ボウルに小豆と乾燥豆の重量の５倍の水500mLと重曹を入れて混ぜる。12時間以上浸漬する。※浸漬した水は捨てずに、煮熟で使用する。

浸漬12時間後

## 2日目

### 4 煮熟

小豆を漬け汁ごと大きいほうのなべに入れ、中火～弱火で白い泡が出てくるまで煮る。※煮汁に浮いてくる泡は、小豆のタンニンやサポニンなどの雑味成分と重曹。

### 5 渋きり（アク抜き）

小豆をざるにあけ、煮汁をきる。

### 6 ふり洗い

小豆をざるごとぬるま湯（30～40℃程度）に浸し、ふり洗いする。※豆が傷つかないようにやさしくていねいに扱うこと。

**2日目**

## 7 本煮（本炊き）

小豆をなべに戻し、乾燥豆の重量の4倍の熱湯400mLを入れて、落としぶたをのせ、沸騰させないようにして中火～弱火で20分程度煮る。※大納言は煮えやすいため、熱湯から煮る。※豆が激しく踊らない程度のふつふつした状態になるような火力に調整する。※大納言の種類によって煮え時間が異なるため、適宜、皮が破れないように様子を見ながら豆がやわらかくなるまで煮る。

## 8 小豆の煮熟確認

へらの上に小豆をいくつかとり出し、菜箸などで力を入れるとつぶれるやわらかさで、中心部に芯《しん》がないか確認する。火を消してそのまま室温まで冷ます。

## 9 煮汁をきる

形をくずさないように小豆をざるにあけて煮汁をきる。

## 10 加糖

小さいほうのなべに水400mLとグラニュー糖を入れて煮溶かす（砂糖蜜）。

## 11 小豆の蜜漬け

ボウルに小豆を入れ、砂糖蜜を加える。ラップをしてそのまま12時間以上漬け込む。

蜜漬け12時間後

**3日目**

## 12 こしあんをやわらかくする

大きいほうのなべに水100mLとこしあんを入れ溶かす。中火～弱火で加熱し、へらで混ぜながらこしあんをやわらかくする。

## 13 こしあんと小豆の蜜漬けを合わせる

蜜漬けした小豆をざるにあけ、⅓量を12に加え、へらでていねいに混ぜ合わせながら弱火で炊く。※小豆の蜜漬けの残りは、冷凍で1か月程度、冷蔵で2週間程度保存可能。

## 14 炊き上がり

へらにすくいとって垂直に落とすと、もったりとした山形ぐらいのかたさになるまで炊く。

## 15 冷まし方・保存方法

バットなどに小分けにしてのせ、平らにならし、室温まで冷ます。冷めたら小分けにし、密閉袋やラップなどに包む。冷凍で1か月程度、冷蔵で2週間程度保存可能。

# 白あん（こしあん）

手亡《てぼう》豆や大福豆などの白いんげん豆や白小豆で作ります。あんこが白く、あっさりした味わいのため、いろいろな素材と組み合わせた加工あんや、着色して形を作る練り切りあんなど、多くの和菓子に使われます。

器具／なべ（口径18〜21cm程度）、ざる（あら目・細目）、ボウル（口径24〜27cm程度）、木べら・ゴムべら、平バット、お玉

**材料／でき上がり約280g**

| | | |
|---|---|---|
| | 白いんげん豆※ | 150g |
| 砂糖蜜 | グラニュー糖（乾燥豆の重量の100%） | 150g |
| | 水 | 100mL |

※手亡豆を使用。

---

**1　原料豆を選別する**

豆の粒の大きさをある程度そろえ、石豆、ひね豆、虫食い豆、割れている豆などをとり除く。

**2　豆を洗う**

豆をボウルに入れ、豆を傷つけないようにていねいに水洗いする。ざるにあけて水けをきる。

### 前炊き

**3　浸漬**

ボウルに豆と乾燥豆の重量の3倍の水450mLを入れて12時間以上浸漬する。

→ 浸漬12時間後

**4　煮熟**

豆をざるにあけてなべに入れ、乾燥豆の重量の3倍の水450mLを入れて強火にかけ、沸騰させる。

**5　渋きり（アク抜き）**

豆をざるにあけて煮汁をきる。

### 本炊き

**6　本煮（本炊き）→ 7　差し水**

豆をなべに戻し、乾燥豆の重量の3倍の水450mLを加え、落としぶたをして中火にかけ、沸騰したら強中火にする。煮始めてから15分後に水400mL→15分後に熱湯400mL→10分後に熱湯200mLを加える。アクや浮いた皮などを除きながら豆がやわらかくなるまでさらに10分煮る。※加える水や湯を「差し水」という。

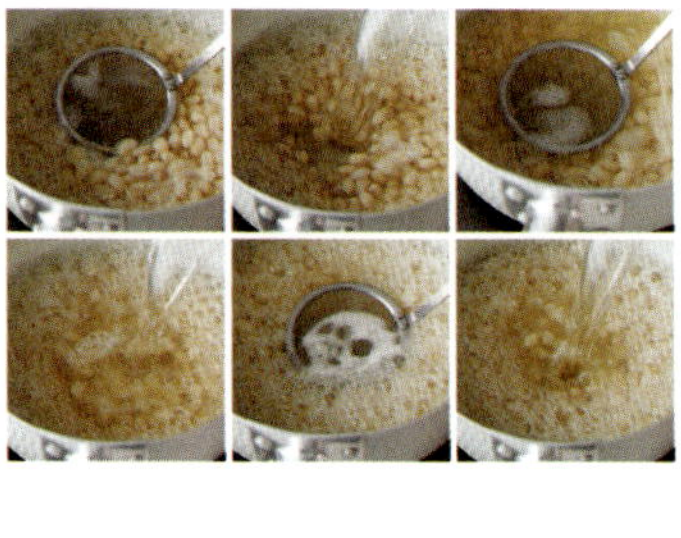

**煮熟の確認**

へらの上に小豆をいくつかとり出し、菜箸などで軽い力で押すと容易につぶれるやわらかさかを確認する。

生あん

## 8 皮と呉を分離する（あんずり）

ボウルに目のあらいざるを重ね、本煮した豆を煮汁ごと2～3杯程度移し、お玉の底で皮からでんぷんを押し出しながら煮汁に溶かすように裏漉しする。最後、ざるに残った皮に水をかけてでんぷんを洗い落とす。さらに目の細かなざるで濾して小さな皮などをとり除く。そのまま5分程度静置し、上澄み水を静かに捨てる。※ボウルに残ったものを「呉」という。

呉

## 9 水さらし

ボウルの残った呉に水500mLを加えて5分程度静置する。上澄み水と呉に分離したら上澄み水を静かに捨てる。この作業を合計2回くり返す。

1回目

2回目

## 10 脱水

ボウルかざるに水でぬらして絞ったさらし布巾を敷き、9をあける。茶巾にして呉が漏れ出ないようにしっかりと口を閉じて絞り、脱水する。さらにボウルの底を当てて体重をかけてしっかり脱水する。※脱水してとり出した「呉」を「生あん」という。

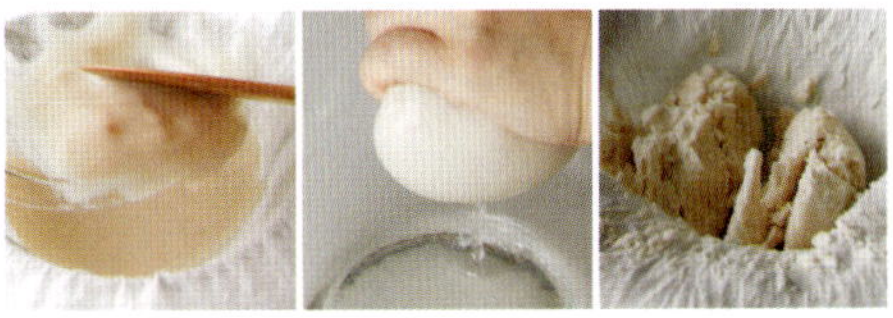

生あん

あん炊き

## 11 加糖

なべに水100mLとグラニュー糖を入れ、火にかけて煮溶かして砂糖蜜を作り、10の生あんを加えてへらで混ぜる。

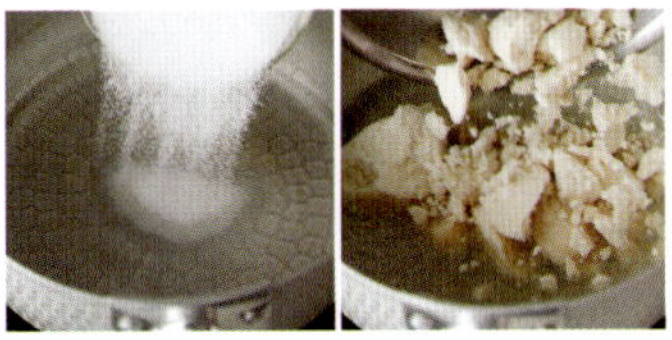

## 12 煮詰め

へらで混ぜながら強火で6～7分、強中火にして5～6分、中火にして3～4分炊く。
※加熱が進むと液状→ペースト状→粘度のある状態となる。

## 13 炊き上がり

へらで白あんをすくって垂直にして落とすと、しっかりとした山形になるくらいのかたさになったら炊き上がりの目安。

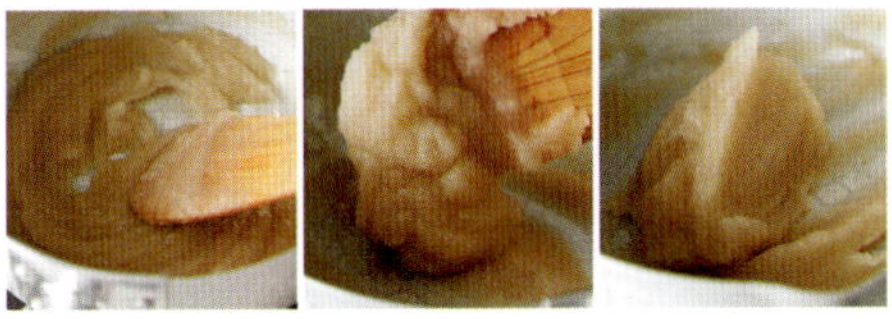

## 14 冷まし方・15 保存方法

あんこはバットなどに小分けにしてのせて平らにならし、できるだけ短時間で室温まで冷ます。冷めたら小分けにし、密閉袋や容器に詰める。冷凍で1か月程度、冷蔵で2週間程度保存可能。

# うぐいすあん（こしあん）

うぐいすあんは、完熟したグリーンピースを乾燥させた青えんどう豆で作ります。あんこがうぐいすの色になるため、その名がつきました。また、青えんどう豆は、香りや味、風味が強いため、あんこ以外に甘納豆や煎り豆などの和菓子でも使われます。

器具／なべ（口径18～21㎝程度）、ざる（あら目・細目）、ボウル（口径24～27㎝程度）、木べらかゴムべら、平バット、お玉

**材料／でき上がり約330g**

| | |
|---|---|
| 青えんどう豆 | 150g |
| 重曹 | 2g |
| 塩（乾燥豆の重量の0.7%） | 1g |
| 砂糖蜜　グラニュー糖（乾燥豆の重量の100%） | 150g |
| 砂糖蜜　水 | 100mL |

## 1 原料豆を選別する

豆の粒の大きさをある程度そろえ、石豆、ひね豆、虫食い豆、割れている豆などをとり除く。

## 2 豆を洗う

豆をボウルに入れ、豆を傷つけないようにていねいに水洗いする。ざるにあけて水けをきる。

前炊き

## 3 浸漬

ボウルに豆と乾燥豆の重量の3倍の水450mLと重曹を入れて混ぜる。12時間以上浸漬する。

## 4 煮熟

豆をざるにあけて洗い、なべに入れ、乾燥豆の重量の3倍の水450mLと0.7%の塩を入れて強火にかけ、沸騰させる。※塩の効果で、緑色が鮮やかになる。のちに渋きり、水さらしを行なうため、塩味はほとんど残らない。※旬《しゅん》の生のえんどう豆や缶詰めのグリーンピースでも作れる。その場合は、ゆでてやわらかく煮た豆をミキサーでペースト状にして砂糖を加え、あんこにする。旬のえんどう豆を使うと色や風味がよく、缶詰めを使うと色はくすむが味が濃厚で、乾燥豆とは異なる味わいが楽しめる。

## 5 渋きり（アク抜き）

豆をざるにあけて煮汁をきる。

本炊き

## 6 本煮（本炊き）→ 7 差し水

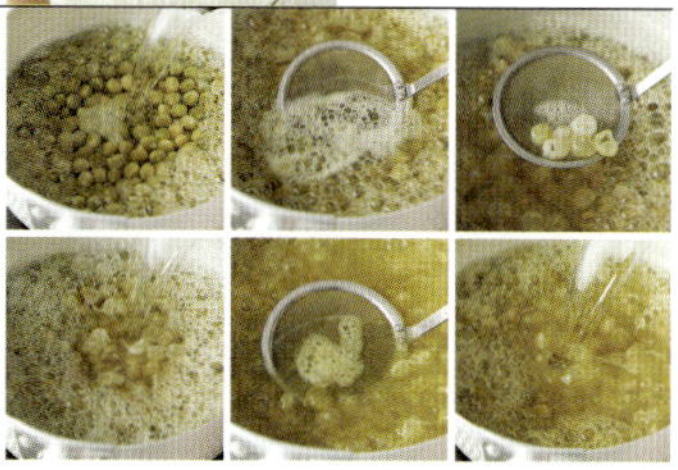

豆をなべに戻し、乾燥豆の重量の3倍の水450mLを加え、落としぶたをして中火にかけ、沸騰したら強中火にする。煮始めから15分後に水400mL→15分後に熱湯400mL→10分後に熱湯200mLを加える。アクや浮いた皮などを除きながら豆がやわらかくなるまでさらに10分煮る。※加える水や湯を「差し水」という。

## 本炊き

### 煮熟の確認

へらの上に豆を数粒とり出し、菜箸などで軽い力で押すと容易につぶれるやわらかさかに煮えているかを確認する。

## 生あん

### 8 皮と呉を分離する（あんずり）

ボウルに目のあらいざるを重ね、本煮した豆を煮汁ごとおたまで2～3杯程度移し、お玉の底で皮からでんぷんを押し出しながら煮汁に溶かすように裏漉しする。最後、ざるに残った皮に水をかけてでんぷんを洗い落とす。さらに目の細かなざるで濾す。そのまま5分程度静置し、目の上澄み水を静かに捨てる。※ボウルに残ったものを「呉」という。

呉

### 9 水さらし

ボウルの残った呉に水500mLを加えて5分程度静置する。上澄み水と呉に分離したら上澄み水を静かに捨てる。この作業を合計2回くり返す。

1回目

2回目

### 10 脱水（生あん）

ボウルかざるに水でぬらして絞ったさらし布巾を敷き、9をあける。茶巾にして呉が漏れ出ないようにしっかりと口を閉じて絞り、脱水する。さらにボウルの底を当てて体重をかけてしっかり脱水する。※脱水してとり出した「呉」を「生あん」という。

生あん

## あん炊き

### 11 加糖

なべに水100mLとグラニュー糖を入れて火にかけ、煮溶かして砂糖蜜を作り、10の生あんを加えてへらで混ぜる。

### 12 煮詰め

へらで混ぜながら強火で6～7分、中火にして5～6分、中火にして3～4分炊く。※煮始めは液状で、熱いあんこが飛ぶのでやけどに注意する。※加熱が進むと液状→ペースト状→粘度のある状態となる。※長時間高温で加熱し続けると、緑色がくすむため、食用色素（緑）を加えることもある。※高温で短時間で炊くと、青えんどう豆の風味は残る。

### 13 炊き上がり

へらであんをすくって垂直に落とすと、しっかりとした山形になるくらいのかたさになるのが炊き上がりの目安。

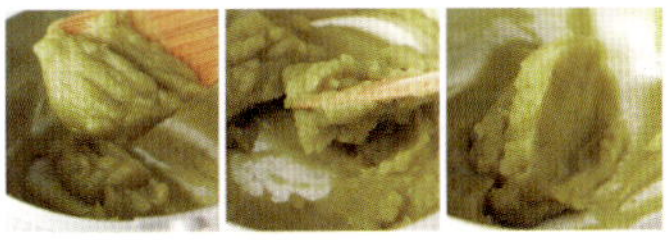

### 14 冷まし方・15 保存方法

バットに小分けにしてのせて平らにならし、短時間で室温まで冷ます。冷めたら小分けにし、密閉袋などに詰める。冷凍で1か月程度、冷蔵で2週間程度保存可能。

# 黄味あん

淡泊な味と上品な風味の白あんに卵黄とコンデンスミルクを練り込んだ洋風なあんこ。生の卵黄を使う場合と加熱した卵黄を使う場合があり、前者はなめらかで舌ざわりがよく、後者は大量に作る和菓子屋で使われる方法で、卵黄の風味が強いのが特徴です。

器具／なべ（口径18〜21㎝程度）、ボウル、木べら・ゴムべら、平バット

**材料／でき上がり約300g**

| | | |
|---|---|---|
| 白あん（56ページ） | | 200g |
| 卵黄 | | Lサイズ1個分（25g） |
| 砂糖蜜 | グラニュー糖 | 25g |
| | 水 | 60mL |
| コンデンスミルク | | 8g |
| バニラエッセンス | | 適量 |

## 1 練り合わせ

白あんに卵黄を合わせ、へらで混ぜる。※卵黄は新鮮なものを使う。さらに殻からとり出した生の卵黄は、時間をおくと表面がかわいて生臭くなるため、すぐに白あんと混ぜる。

## 2 加糖

なべに水60mLとグラニュー糖を入れ、火にかけて煮溶かして砂糖蜜を作り、室温まで冷ます。1に砂糖蜜を少しずつ加えて混ぜる。

## 3 煮詰め

なべに戻し、へらで混ぜながら中火で7〜8分炊く。※焦げないようになべの側面についたあんこをぬぐいながら混ぜるする。※白あんが熱い状態の中に、直接卵黄を加える方法もあるが、黄身ぶしができやすく、舌ざわりの悪いあんことなる。※加熱し続けると卵黄が熱でかたまり、あんこがペースト状からもったりした状態となる。※へらであんをすくいとって垂直に落とすと、しっかりとした山形になるくらいのかたさになるまで加熱する。

## 4 風味づけ

コンデンスミルクを加えて混ぜる。バニラエッセンスを好みの加減で加えて混ぜる。※卵の風味を強くしたい場合は、バニラエッセンスは加えなくてよい。

## 5 冷まし方・保存方法

バットに小分けにしてのせて平らにならし、できるだけ短時間で室温まで冷ます。冷めたら小分けにし、密閉袋や容器に詰める。冷凍で2週間程度、冷蔵で5日間程度保存可能。※黄味あんは、ほかのあんこより風味が落ちやすいため、冷めたら素早く冷凍、冷蔵保存する。

# 砂糖控えめの粒あん

**実験・検証**

あんこが好きだけどエネルギーや糖質が気になる、甘さ控えめのあんこが好き、という方のために。

## 粒あんのおいしさを保ちつつ、どれだけ砂糖を減らせるか

**【実験10】**
**粒あんに使うグラニュー糖の最少添加量は？**

**【検証結果】**
**グラニュー糖の最少添加量は乾燥小豆の50％でもよい**

実験8（37ページ参照）の結果、あんこ（粒あん）に最も好まれる砂糖は白双糖《しろざら》でした。確かに製あん所や和菓子屋などで白双糖を用いることが多いのですが、販売している量販店が少なく、一般の人は製菓材料専門店や通信販売などで入手する必要があります。さらに、ほかの砂糖よりも価格が1.5～2倍と高価なため、家庭では、成分が類似し、かつ入手しやすいグラニュー糖でも充分においしいあんこが作れるでしょう。

そこで、家庭であんこを作ると考えて、グラニュー糖を使って、あんことして好ましいと感じる最少添加量を実験して検証しました（**図1**）。

実験8でグラニュー糖の添加量が110％の場合、甘さは「普通」から「やや好ましい」という評価から、110％を最多添加量とし、そこから添加量を減らして75％と50％で実験しました。

110％の場合は小豆皮のかたさが「普通」から「やや弱い」と評価され、ほかと比べてやわらかい傾向が見られました。しかし、あんこの口中でのべたつきや甘さ、後味、総合評価では、3種のいずれの添加量も「普通」から「やや好ましい・やや強い」と同程度の評価だったため、大きな差はないといえるでしょう。

その結果、グラニュー糖の最少添加量は、50％でもよいということがわかりました。エネルギーは通常より22％減となります（**図2**）。

グラニュー糖
110％（165g）
粒あん

グラニュー糖
75％（112.5g）
粒あん

グラニュー糖
50％（75g）
粒あん

**図1 グラニュー糖の添加量別の官能評価結果**

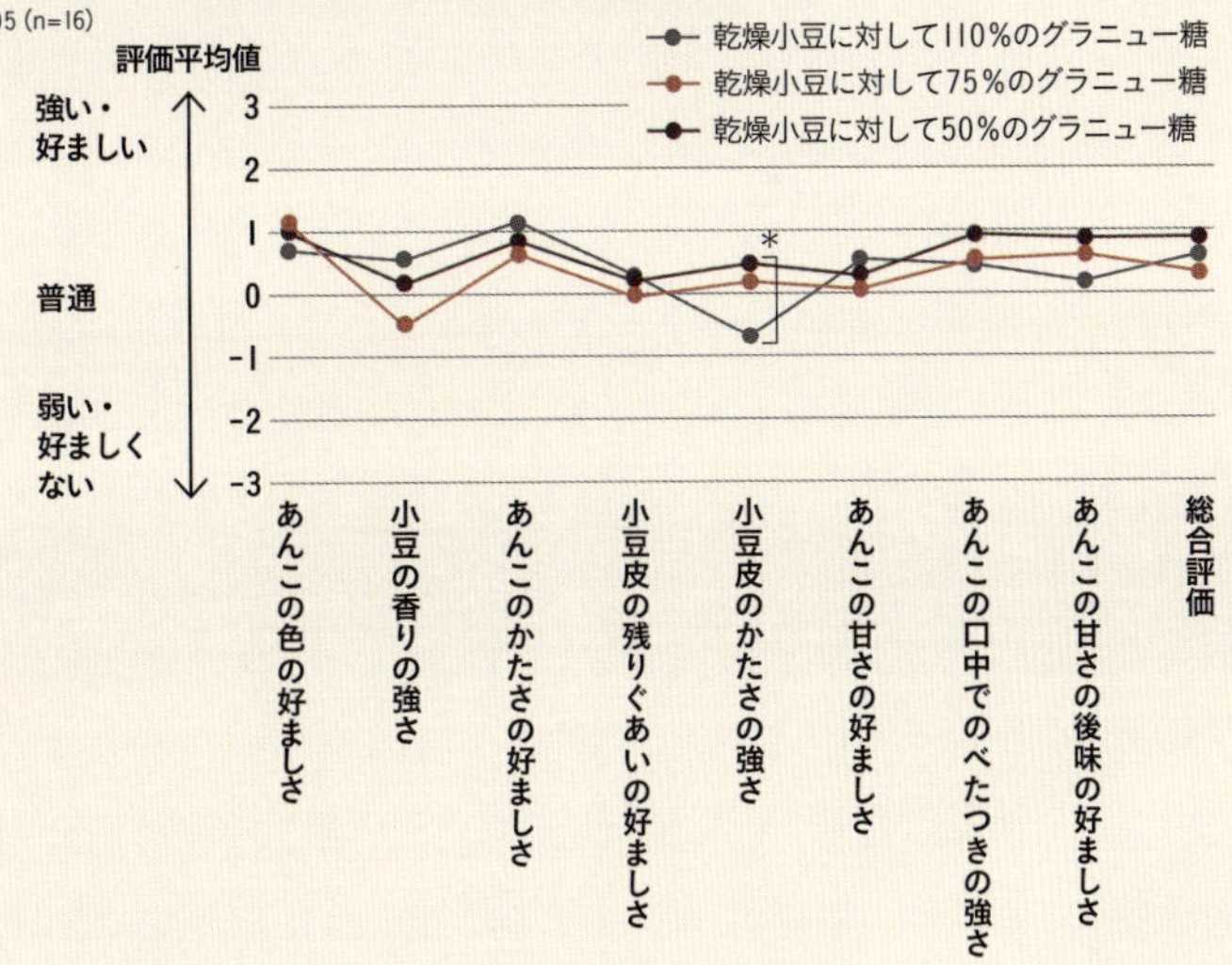


**図2 グラニュー糖の添加量の違いによるあんこのエネルギー**

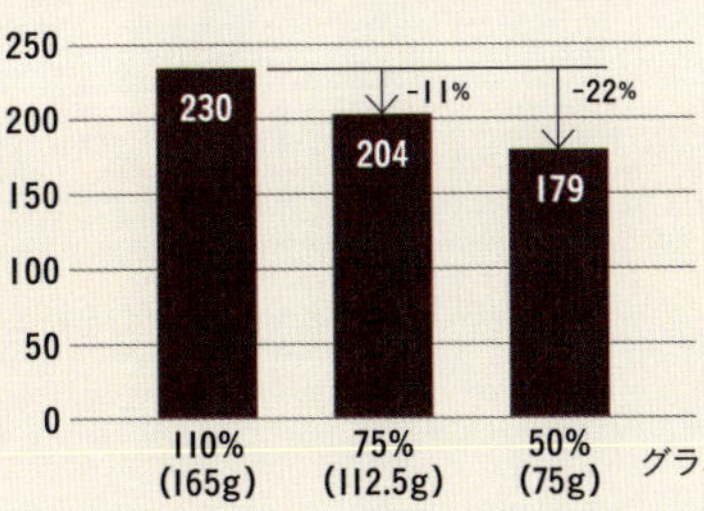


## 砂糖控えめの粒あん

実験10の結果から乾燥小豆（150g）に対してグラニュー糖50％（75g）が最少添加量。

**材料／でき上がり約420g**

小豆……150g
グラニュー糖
（乾燥豆の重量の50％）……75g

作り方は、50ページの「究極の粒あん」と同じ。

# 3章 アレンジあんこの炊き方

ベースとなるあんこに様々な食材を組み合わせて、食感、香り、味わいに変化をつけたり、季節を感じたりできるようなあんこのバリエーションを紹介します。さらに、それぞれのあんこが合うお菓子（74〜99ページ）のアドバイスつきです。

小豆、白いんげん豆を使ったあんこを基本とし、ごまや木の実などの種実類やみそや黒砂糖などの調味料類、とうもろこしやさつま芋などの野菜類、そのほか、抹茶や青のりなどの副材料を加え、味や食感の変化をつけたあんこです。製あんメーカーや和菓子屋では、これらのあんこを「加工あん」ということがあります。

特に、白いんげん豆から作られる白あんは、色が白いため、副材料の色を移すことができ、かつ、豆の香りが強くないため、いろいろな食材と相性がよいあんこです。そのため、よくベースに使われます。加えて、舌ざわりもなめらかなため、かたちや大きさの異なる食材と合わせると食感が引き立ち、ペーストの素材と合わせると、舌ざわりがよいあんこになります。

桜の葉を刻んだもの、栗を使ったあんこなどは季節感があり、四季の和菓子を彩ります。

**【あんこの炊き上がりの状態の目安】**

あんこをすくって落としたときの状態
（40ページ参照）

もったりした山形（粒あんと同じ）

⇓

ずんだあん、とうもろこしあん、芋あん（黄・紫）、チョコレートあん、ミルクあん

しっかりした山形（こしあんと同じ）

⇓

白みそあん、くるみあん、栗あん、りんごあん、柚あん、ラムレーズンあん、柿あんずあん、桜あん、抹茶あん、大島あん、きな粉あん、胡麻あん（黒・白）、青のりあん

# ずんだあん

**材料／でき上がり約200g**

白あん（56ページ）……100g
枝豆（冷凍品可※1）……100g※2, 3
a［上白糖……20g
　塩……0.5g
　水……50mL］

※1／ゆでるか電子レンジで加熱して温める。
※2／さやを除いたもの。さやつきで約180g。
※3／枝豆は長時間加熱すると退色するため、必要に応じて食用色素（緑）を添加する。

**作り方**

1 枝豆は塩ゆでにしてさやから出し、薄皮をむく。

2 すり鉢に枝豆とaを入れ、すりこ木で粒が残る程度のペースト状にする。

3 なべに白あんと2を加えてへらで混ぜながら強火〜中火で約4〜5分加熱し、火を消す。

**このあんこが合う和菓子**

菜の花しぐれ（74ページ）、桜あんの薫りまんじゅう（75ページ）、柏もち（80ページ）、紫陽花（82ページ）、青楓羹（83ページ）

---

# 白みそあん

**材料／でき上がり約260g**

白あん（56ページ）……200g
白みそ……55g
a［グラニュー糖……20g
　水……80mL］

**作り方**

1 なべにaを入れて煮溶かし、白あんを加えて溶きのばす。

2 白みそを加えてへらで混ぜながら強火〜中火で5〜6分加熱し、火を消す。

**このあんこが合う和菓子**

酒まんじゅう（76ページ）、桜もち（78ページ）、柏もち（80ページ）、秋芋きんとん（90ページ）、白あんのブランデーケーキ（97ページ）

## とうもろこしあん

**材料／でき上がり約180g**

白あん（56ページ）……100g
とうもろこし※……150g
水……50mL
a［グラニュー糖……20g
　 塩……ひとつまみ（0.25g）

※芯からはずした実。約1本分。コーン缶でも代用可能。

**作り方**

1 とうもろこしは塩ゆでにし、実を芯からはずす。

2 とうもろこしと水を合わせてミキサーでペースト状にし、裏漉し器で裏漉しする。

3 なべに2とaを入れてへらで混ぜながら強火～中火で5～6分加熱する。

4 粘度が出たら白あんを加え、へらで混ぜながら中火～弱火で3分加熱し、火を消す。

**このあんこが合う和菓子**

酒まんじゅう（76ページ）、柏もち（80ページ）、青楓羹（83ページ）、アイス虎焼き（85ページ）、小豆アイス（86ページ）

## くるみあん

**材料／でき上がり約220g**

白あん（56ページ）……200g
くるみ※……90g
a［グラニュー糖……20g
　 水……60mL

※焼いたくるみはフードプロセッサーなどでも細かく砕ける。なめらかなペースト状にした場合は、濃厚なくるみあんになる。

**作り方**

1 くるみは170℃に熱したオーブンで7～8分焼く。

2 すり鉢に入れ、すりこ木でややあらめのペースト状にする。

3 なべにaを入れて煮溶かし、白あんと2のくるみを加えて、へらで混ぜながら強火～中火で5～6分加熱し、火を消す。

**このあんこが合う和菓子**

茶通（77ページ）、栗の郷（89ページ）、秋芋きんとん（90ページ）、おはぎ（91ページ）、ラムレーズンあんの焼きしぐれ（99ページ）

# 芋あん（黄・紫）

**材料（黄）／でき上がり約210g**

| | |
|---|---|
| 白あん（56ページ） | 100g |
| さつま芋 | 150g※1 |
| 上白糖※2 | 30g |
| a グラニュー糖 | 20g |
| a 水 | 80mL |
| バニラエッセンス | 適量 |

**材料（紫）／でき上がり約220g**

| | |
|---|---|
| 白あん（56ページ） | 100g |
| 紫芋 | 150g※1 |
| 上白糖※2 | 50g |
| a グラニュー糖 | 20g |
| a 水 | 80mL |
| バニラエッセンス | 適量 |

※1／皮をとり除いたもの（正味）。芋は品種（紅あずま、里むすめなど）により甘さや色、舌ざわりが異なる。
※2／グラニュー糖でもよい。今回はさつま芋が熱いうちに溶けやすい上白糖を使った。

**作り方（黄・紫 共通）**

1 さつま芋は厚めに皮をむき、1cmの輪切りにして水に浸し、水けをきる。

2 強火の蒸し器で20分蒸す。
耐熱ボウルに1を入れ、ラップをして電子レンジ（600W）で5～6分加熱してもよい。

3 熱いうちに裏漉しし、上白糖を加えてへらで混ぜ合わせ、ペースト状にする。

4 なべにaを入れて煮溶かし、白あんを加えて溶きのばす。

5 3を4に加え、へらで混ぜながら中火で5～6分加熱し、火を消す。

6 バニラエッセンスを加えて混ぜる。

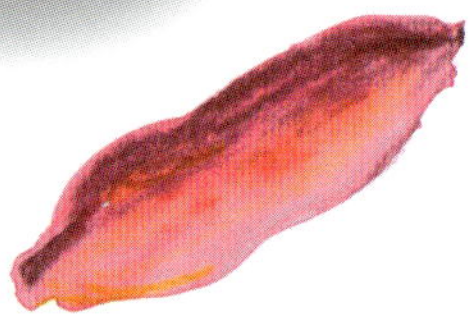

**このあんこが合う和菓子**

栗の郷（89ページ）、きのこ狩り（89ページ）、秋芋きんとん（90ページ）、おはぎ（91ページ）、秋の五穀団子（92ページ）、ラムレーズンあんの焼きしぐれ（99ページ）

# 栗あん

**材料／でき上がり約240g**

| | |
|---|---|
| 白あん（56ページ） | 200g |
| 栗の甘露煮のシロップ（市販品） | 40mL |
| 栗の甘露煮（市販品） | 40g |

**作り方**

1 なべに栗のシロップと白あんを入れて溶きのばす。

2 中火にかけ、へらで混ぜながら4～5分加熱して火を消し、栗の甘露煮を5mm角に刻んで加えて混ぜる。

**このあんこが合う和菓子**

里柿（87ページ）、栗の里山（88ページ）、きのこ狩り（89ページ）、小倉山かのこ（93ページ）、ラムレーズンあんの焼きしぐれ（99ページ）

# りんごあん

### 材料／でき上がり約240g

- 白あん（56ページ）……200g
- りんごの甘煮
  - りんご……50g※
  - レモンの搾り汁……2mL
  - a
    - グラニュー糖……5g
    - 水……40mL
- b
  - グラニュー糖……10g
  - 水……50mL
- c
  - りんご……100g※
  - レモンの搾り汁……5mL

※皮と芯を除いたもの。

### 作り方

1 りんごの甘煮を作る。りんごは5㎜角に切ってレモンの搾り汁をまぶし（または塩水に浸す）、aとともになべに入れて中火～弱火にかけ、煮汁がなくなるまで煮て、冷ます。

2 なべにbを入れて煮溶かし、白あんを入れて溶きのばす。

3 ボウルにcのレモン汁を入れてcのりんごをすりおろし、混ぜて色止めをする。

4 2に3を加えて強火～中火で7～8分加熱し、水けをきった1を加え混ぜる。

### このあんこが合う和菓子

菜の花しぐれ（74ページ）、酒まんじゅう（76ページ）、きのこ狩り（89ページ）、柚ミルクまんじゅう（95ページ）、かるかんまんじゅう（96ページ）

---

# 柚《ゆず》あん

### 材料／でき上がり約200g

- 白あん（56ページ）……200g
- 水……40mL
- 柚ジャム……25g
- 刻み柚※……6g

※ややあらめに刻むと食感がよく、細かく刻むと香りがよい。

### 作り方

1 なべに白あんと水を入れて溶きのばす。

2 柚ジャムを加えてへらで混ぜながら中火で5～6分加熱して火を消し、刻み柚を加えて混ぜる。

### このあんこが合う和菓子

菜の花しぐれ（74ページ）、酒まんじゅう（76ページ）、きのこ狩り（89ページ）、柚ミルクまんじゅう（95ページ）、かるかんまんじゅう（96ページ）

## ラムレーズンあん

**材料／でき上がり約220g**

こしあん（48ページ）……200g
水……50mL
［レーズン……25g
［ラム酒……25mL※

※酒の風味が強い場合は、3でラム酒は加えなくてもよい。

**作り方**

1 レーズンは湯通しして、ラム酒に半日以上漬ける。

2 ラム酒からレーズンをとり出し、あらく刻む。

3 なべにこしあんと水、漬け込んで残ったラム酒を入れて溶きのばす。

4 2のレーズンを加えてへらで混ぜながら中火で4～5分加熱し、火を消す。

**このあんこが合う和菓子**

桜あんの薫りまんじゅう（75ページ）、アイス虎焼き（85ページ）、小倉山かのこ（93ページ）、柚ミルクまんじゅう（95ページ）、ラムレーズンあんの焼きしぐれ（99ページ）

---

## 柿あんずあん

**材料／でき上がり約240g**

白あん（56ページ）……200g
干し柿……15g
干しあんず……15g
a［グラニュー糖……10g
a［水……80mL

**作り方**

1 干し柿と干しあんずは5㎜角に刻む。

2 なべに1とaを入れて中火～弱火で2～3分加熱する。

3 白あんを加えてへらで混ぜながらさらに強火～中火で5～6分加熱し、火を消す。

**このあんこが合う和菓子**

水ようかん（84ページ）、冷やししるこ（86ページ）、里柿（87ページ）、枯露柿（94ページ）、柚ミルクまんじゅう（95ページ）

## チョコレートあん

**材料／でき上がり約250g**

白あん（56ページ）……200g
ミルクチョコレート……55g
a［生クリーム※……25mL
　 バター（食塩不使用）……5g
ラム酒……5mL

※乳脂肪分40％以上のものを使用するとこくや風味がよい。

**作り方**

1 チョコレートは刻んでボウルに入れ、湯せんにかけて溶かす。

2 別のボウルにaを入れ、湯せんにかけてバターを溶かす。

3 1と2を合わせて混ぜる。

4 なべに3と白あんを入れてへらで混ぜながら中火で5～6分加熱し、火を消してラム酒を加えて混ぜる。

**このあんこが合う和菓子**

茶通（77ページ）、アイス虎焼き（85ページ）、柚ミルクまんじゅう（95ページ）、白あんのブランデーケーキ（97ページ）、ラムレーズンあんの焼きしぐれ（99ページ）

---

## ミルクあん

**材料／でき上がり約220g**

白あん（56ページ）……200g
a［コンデンスミルク……15g
　 バター（食塩不使用）……8g
　 水……30mL

**作り方**

1 なべにaを入れ、弱火でバターが溶けるまで加熱する。

2 白あんを加えてへらで混ぜながら中火で4～5分加熱し、火を消す。

**このあんこが合う和菓子**

桜あんの薫りまんじゅう（75ページ）、アイス虎焼き（85ページ）、小豆アイス（86ページ）、柚ミルクまんじゅう（95ページ）、白あんのブランデーケーキ（97ページ）

## 抹茶あん

**材料／でき上がり約210g**

白あん（56ページ）……200g
抹茶……4g※
グラニュー糖……25g
水……60mL

※抹茶は加熱すると色があせるので、必要に応じて食用色素（緑）を使用する。

**作り方**

1 なべに抹茶とグラニュー糖を合わせて混ぜる。水を加えて、弱火で加熱して煮溶かす。

3 白あんを加え、へらで混ぜながら中火で4～5分加熱し、火を消す。

**このあんこが合う和菓子**

茶通（77ページ）、水ようかん（84ページ）、小豆アイス（86ページ）、秋芋きんとん（90ページ）、かるかんまんじゅう（96ページ）

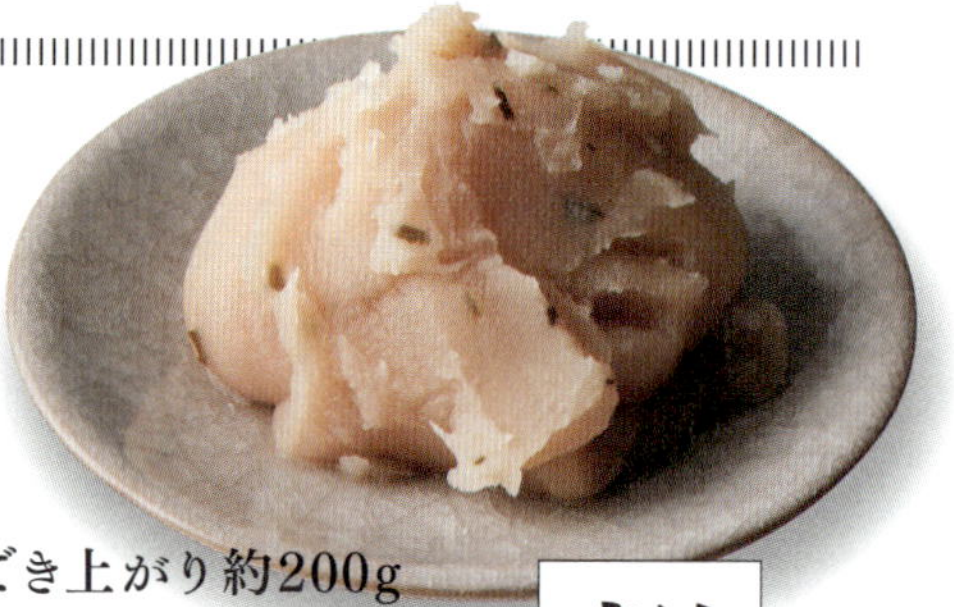

## 桜あん

**材料／でき上がり約200g**

白あん（56ページ）……200g
桜の葉の塩漬け……2g（4枚）
a［グラニュー糖……20g
　 水……80mL
［食用色素（赤）……少量
　酒（または水）……少量

**作り方**

1 桜の葉は水に10分以上浸し、塩けを抜く。桜の葉の水けをふきとり、葉脈のかたい部分はとり除き、5㎜程度のみじん切りにする。

2 なべにaを入れて煮溶かし、白あんを加えてへらで混ぜながら中火で5～6分加熱する。

3 2に1の桜の葉を加え、へらで混ぜながら中火～弱火で1～2分加熱し、火を消す。

4 色素は酒に溶き、なべ肌につけて少しずつ加えながら混ぜ、好みの桜色に調整する。

**このあんこが合う和菓子**

菜の花しぐれ（74ページ）、桜あんの薫りまんじゅう（75ページ）、酒まんじゅう（76ページ）、桜もち（78、79ページ）、水ようかん（84ページ）

## 大島あん（黒糖あん）

**材料／でき上がり約210g**

こしあん（48ページ）……200g
a［黒砂糖※……50g
　 水……100mL

※黒砂糖は粉末状のもの。ブロックの場合は、包丁などで細かく刻んだものを使う。

**作り方**

1 なべにaを入れて弱火で煮溶かす。

2 こしあんを加えてへらで混ぜながら強火～中火で7～8分加熱し、火を消す。

**このあんこが合う和菓子**

茶通（77ページ）、小豆アイス（86ページ）、栗の郷（89ページ）、小倉山かのこ（93ページ）、かるかんまんじゅう（96ページ）

## きな粉あん

**材料／でき上がり約220g**

白あん（56ページ）……200g
きな粉※……25g
グラニュー糖……20g
水……50mL

※焦がしきな粉を使うとより香ばしく、風味よく仕上がる。

**作り方**

1 なべにきな粉とグラニュー糖を合わせて混ぜる。水を加えて、弱火で加熱して煮溶かす。

2 白あんを加えて、へらで混ぜながら中火で4～5分加熱し、火を消す。

**このあんこが合う和菓子**

アイス虎焼き（85ページ）、栗の里山（88ページ）、栗の郷（89ページ）、秋芋きんとん（90ページ）、おはぎ（91ページ）

## 胡麻あん（黒・白）

**材料／でき上がり約240g**

こしあん（48ページ）……200g※
練りごま（黒）……40g※
a グラニュー糖……30g
a 水……80mL

※白胡麻あんは白あんと練りごま（白）を使って作る。

**作り方**

なべにaを入れて煮溶かし、こしあん、練りごまを加えて、へらで混ぜながら中火で7～8分加熱し、火を消す。

**このあんこが合う和菓子**

茶通（77ページ）、桜もち（78ページ）、おはぎ（91ページ）、秋の五穀団子（92ページ）、中華粒あんの三色白玉団子（98ページ）

## 青のりあん

**材料／でき上がり約200g**

白あん（56ページ）……200g
青のり（乾）……0.7g※
塩……0.5g

※約小さじ⅔。細かな青のりのほうが見映えがよい。

**作り方**

ボウルに全材料を入れて混ぜる。

**このあんこが合う和菓子**

桜あんの薫りまんじゅう（75ページ）、茶通（77ページ）、紫陽花（82ページ）、青楓羹（83ページ）、水ようかん（84ページ）

# 4章

# 究極のあんこを楽しむ 四季折々の和菓子

究極のあんこやアレンジあんこを使って、
春夏秋冬を感じる和菓子の作り方を紹介します。
家庭で本格的な和菓子が作れます。
あんこが主役の和菓子ばかりですので、
究極のあんこがより引き立ちます。

春

# 菜の花しぐれ

黒文字で割って、彩りで表現された季節感や、層になったあんの美しさを目で楽しむ。
そんな風情のある和菓子です。
生地に白あんを練り込むので、しっとりほろっとした食感です。

## 材料／12個分

- こしあん（48ページ）……120g
- しぐれ生地
  - 白あん（56ページ）……250g
  - かたゆで卵の黄身……1個
  - 卵黄（生）……½個分
  - 上新粉……5g
  - ベーキングパウダー……1g
  - 食用色素（緑）……少量
  - 酒（または水）……少量

## 作り方

1 耐熱ボウルに白あんを入れて、かたく絞ったぬれ布巾またはラップをボウルに軽くかける。電子レンジ（600W）で2分加熱し、軽くかき混ぜてから、布巾またはラップをかけてさらに2〜3分ほど加熱して水分をとばす。

2 冷めないうちにゆで卵の黄身を万能濾し器で裏濾しして1に入れ、ゴムべらで混ぜ合わせる。

3 あら熱をとり、生の卵黄を加えて混ぜる。

4 上新粉とベーキングパウダーを合わせて加え、よく混ぜる。

生地を少量手にとって丸め、指で押したときに、写真のように割れ目ができるくらいのかたさになるとよい。生地がかたいときは生の卵黄を、やわらかいときは上新粉を少量加えて調節する。

5 4を別のボウルに⅓量（80gほど）とり分け、酒で溶いた色素を竹串の先でボウルの内側に少量つける。ゴムべらで少しずつ混ぜ合わせながら着色する。

6 5の緑色の生地と残りの黄色の生地をそれぞれ12等分して丸める。

7 こしあんを10gずつ計って丸め、あん玉を12個作る。

8 緑色の生地を平たくのばし、あん玉の上半分にかぶせて丸める。

9 黄色の生地を平たくつぶし、8を緑色の生地のほうを下にして包む。

10 蒸気の上がった蒸し器の中に、かたく絞ったぬれ布巾を敷き込み、その上に閉じ口を下にして9を並べ、強火で5〜6分割れ目が出るまで蒸す。

# 桜あんの薫りまんじゅう

口溶けのよい白あんに、
桜の香りを散らした桜あんは
春の訪れを感じさせてくれます。
まんじゅうのまわりに砂糖をまぶし、
桜の花が満開に咲く様子を表現しています。

**材料／10個分**

| | | |
|---|---|---|
| | 桜あん（70ページ） | 150g |
| 生地 | 上白糖 | 30g |
| 生地 | しょうゆ | 5mL |
| 生地 | 重曹《じゅうそう》 | 0.5g |
| 生地 | 水 | 15mL |
| 生地 | 薄力小麦粉（ふるう） | 60g |
| | はちみつ | 6g |
| | 上白糖 | 適量 |
| | 桜の花の塩漬け（飾り用） | 10枚 |

**作り方**

1 桜の花の塩漬けは洗って塩けを除き、水に浸して塩けを抜き、水けをふく。

2 桜あんは10等分してそれぞれ丸める。

3 生地を作る。ボウルに上白糖としょうゆ、分量の水で溶かした重曹を合わせて混ぜ、薄力粉を加えて混ぜる。

4 バットに薄力粉（分量外）をふるい、その上に3をとり出し、10等分してそれぞれ丸める。

5 手に薄力粉適量（分量外）をつけて（手粉）、4の生地を1つ手のひらにのせ、中央を軽く押し広げ、桜あんを1つのせて包む。残りも同様にして合計10個作る。

6 オーブンシートを敷いた天板に5を並べ、190℃に熱したオーブンで10分ほど焼く。

7 あら熱がとれたら、手にはちみつをつけて両手のひらでまんじゅうをはさんでころがしたあと、表面に上白糖をまぶす。上に1の飾り用の桜の花の塩漬けを飾る。

# 酒まんじゅう

白酒の代わりに酒まんじゅうで桃の節句をお祝いしませんか？
本来の酒まんじゅうは「米麹《こうじ》」を使って発酵させてふくらませたものですが、
酒《さけ》粕《かす》で風味を出し、ベーキングパウダーでふくらませた
手軽に作れる方法をご紹介します。

## 材料／12個分

- 白あん（56ページ）……240g
- 生地
  - 酒粕（練り粕）……40g
  - 大和芋のすりおろし……25g
  - 上白糖……60g
  - 薄力小麦粉……60g
  - ベーキングパウダー……1g

## 作り方

1 白あんは12等分してそれぞれ丸める。

2 大和芋をすり鉢に入れ、上白糖をふるい入れてすりこ木ですり混ぜる。白さが増し、伸びがよくなってきたら酒粕を加えてさらにすり混ぜ、酒粕と大和芋をきめ細かくする。

3 薄力粉とベーキングパウダーを合わせて平らな台に直接ふるい広げ、その上に2をのせ、折りたたむようにして粉を混ぜ込み、均一になめらかに混ざったらひとまとめにする。

4 12等分（約15gずつ）にする。

5 4の生地を山形に整えて左の手のひらにのせ、右手で白あんをのせ、そっと押し込むようにして生地を少しずつ上にのばしていく。

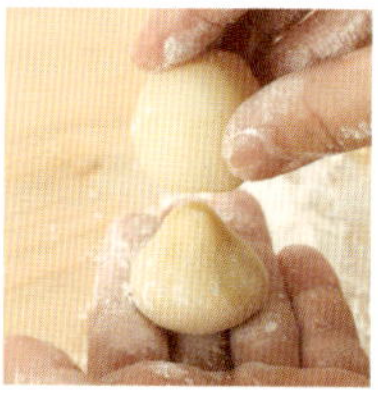

まんじゅうなどのやわらかい生地は、山形にしてあんを下から包んで入れていくのが基本。

6 半分くらいまで包んだら、両方の手の親指と人差し指、中指を使って生地を軽くねじるように回転させながら、上に向かってのばしていく。

7 生地の閉じ目を指先でつまむようにして閉じ、閉じ目を下にして形を整える。

まんじゅうの生地はあんの上を厚く、下を薄くすると美しく仕上がる（そのために整形時に山形にしておく）。

8 霧吹きをし、かたく絞ったぬれ布巾を敷いた蒸し器に並べ入れる。蒸し器のふたを布巾で包み、蒸気の上がった蒸し器にふたをして中火で11～12分蒸す。

# 茶《ちゃ》通《つう》

茶道でお茶菓子として用いられる茶通。抹茶風味の生地に粒あんを包んで焼いたかわいいおまんじゅう。温かいお茶をいれて、いっしょにどうぞ。

**材料／10個分**
**（「ごまの茶通」と「煎茶の茶通」各5個分）**

- 粒あん（50ページ）……150g
- 生地
  - 卵白……Lサイズ½個分（20g）
  - 上白糖……30g
    - 薄力小麦粉……40g
    - 抹茶……1g
    - ベーキングパウダー……1g
- いり黒ごま・煎《せん》茶の葉……各1g
- 油……適量

泡立て器を持ち上げたときに
角がピンと立つまで泡立てる。

**作り方**

1 ボウルに卵白を入れ、泡立て器で攪拌《かくはん》する。上白糖を2、3回に分けて加えながら、さらに角が立つまでかき混ぜる（写真）。

2 薄力粉、抹茶、ベーキングパウダーは合わせてふるう。1に加え、ゴムべらなどでさっくりと切るように混ぜ合わせる。

3 ボウルにラップをかけて、冷蔵庫で30分～1時間休ませる。

4 粒あんを10等分してそれぞれ丸める。

5 手に薄力粉（分量外）をつけて3の生地をこねながらまとめ、耳たぶのかたさより少しやわらかくなったら10等分して丸める。

6 手のひらに5の生地を1つ広げ、中央に4の粒あんを1つ置いて丸く包み、軽く押しつぶして形を整える。残りも同様にして10個作る。

7 片面に5個は黒ごまを、残りは煎茶の葉をのせて軽くおさえる。

8 フライパンを弱火にかけて、油を薄く引き、7の面を下にして入れる。12分ほど焼いて色がついたら、裏返してさらに12分焼く。

春

関東タイプ

# 桜もち

関東タイプはクレープ皮、関西タイプは道明寺粉を甘く炊いたものであんこを包み、桜の葉で包むのが特徴です。

### 材料／12個分

| | | |
|---|---|---|
| こしあん（48ページ） | | 300g |
| 生地 | 白玉粉 | 10g |
| | 水 | 150mL |
| | 上白糖 | 30g |
| | 薄力小麦粉 | 90g |
| | 食用色素（赤） | 少量 |
| | 酒（または水） | 少量 |
| 油 | | 適量 |
| 桜の葉の塩漬け | | 12枚 |

### 作り方

1 上白糖をふるう。食用色素は酒に溶く。桜の葉の塩漬けを水に5分程度浸して塩けを抜き、水けをふく。

2 ボウルに白玉粉を入れて分量の水を2、3回に分けて加えながらよく混ぜる。

3 上白糖を加えて溶かす。

4 薄力粉をふるいながら加えて混ぜる。裏濾し器で濾してなめらかな生地にする。

生地はすくって流れ落ちるくらいのかたさになるよう水分を調整する。

5 4の生地に1の食用色素をほんの少量ずつ好みの色になるまで加え混ぜる。ラップをかけて常温で20分程度ねかせる。

6 フライパンを弱火で温めて油を薄く引き、5の生地大さじ1強を楕円形にのばす。表面がかわいたら裏返して裏面も焼く。同様にして合計12枚焼き、冷ます。

生地の焼きはじめは白っぽい（写真上）。生地の片面の焼き上がると表面がかわいて桜色が濃くなる（写真下）。

7 こしあんを12等分にして丸める。手のひらに6の生地を1枚のせ、手前にあんを1つ置き、向こうにころがすように巻く。1の桜の葉を表側を内にして巻く。合計12個作る。

## 関西タイプ

### 材料／12個分

- こしあん（48ページ）……180g
- もち
  - 道明寺粉※……150g
  - 上白糖……80g
  - 水……300mL
  - 食用色素（赤）……少量
  - 酒（または水）……少量
- 砂糖蜜
  - 上白糖……30g
  - 水……40mL
- 桜の葉の塩漬け……12枚

※四つ割の道明寺粉を使用。

### 作り方

1 桜の葉の塩漬けを水に5分程度浸して塩けを抜き、水けをふく。色素は酒に溶く。なべに砂糖蜜の材料を入れて煮溶かす。

2 なべにもちの水と上白糖を入れ、中火～弱火で加熱して煮溶かす。

3 火を消し、1の色素をなべ肌につけて色を調整しながら色をつける（82ページ作り方3参照）。

このくらいの桜色に色をつける。

4 3を強火で加熱し、沸騰したら道明寺粉を一度に加え、素早くへらで混ぜる。

5 道明寺粉が水分を吸って膨潤したら、火を消してふたをして10～15分おいて蒸らす。

道明寺粉が充分水分を吸って炊き上がった状態。

6 ボウルに移し、手に砂糖蜜をつけながら12等分にしてそれぞれ丸める。

7 こしあんは12等分にして丸める。それぞれ6で包んで俵形に整える。

8 桜の葉は葉脈を下に葉元を手前にして手のひらにのせ、7をのせて葉先を重ねる。合計12個作る。

# 春

柏の葉タイプ

サルトリイバラの葉タイプ

## 材料／12個分

こしあん（48ページ）……240g

生地
- 上新粉……275g
- ぬるま湯……250mL
- 白玉粉……25g
- 水……30mL

柏の葉または
サルトリイバラの葉※……12～24枚

※サンキライ、イギノハなどともいう（13ページ）。

# 柏もち

端午の節句のお菓子。

柏の葉は、新芽（子ども）が出るまで古い葉（親）が落ちないことから子孫繁栄を示す縁起物。

サルトリイバラの葉で包む地域もあります。

## 作り方

1 ボウルに上新粉を入れ、分量のぬるま湯（45℃くらい）を2～3回に分けて加え、よくこねる。

2 かたく絞ったさらし布巾を蒸し器に敷き、1の生地を10～15個に小分けにして並べる。

3 蒸気の上がった蒸し器に入れ、強火で20分蒸す。

4 別のボウルに白玉粉を入れ、分量の水を2～3回に分けて加え、なめらかな液状になるまで混ぜ合わせる。

5 3の生地を蒸し器からさらし布巾ごととり出し、ぬれ布巾の上にのせ、端を持って生地の中心へつき混ぜてまとめる。円盤形に成形し、冷水につけて冷ます。

6 水けをふきとってボウルに移し、4の白玉粉を加え、生地をこね混ぜ、12等分する。

生地を引っ張るとやや伸びるような状態までしっかりとこね混ぜる。

7 こしあんを12等分して丸める。

8 柏の葉のほうは6の生地を手のひらで楕円状に押し広げ、手前側にこしあんをのせる。奥から引っ張りながら生地を折りたたみ、手の側面を使って生地の側面をしっかりおさえて閉じ、貝形にする。サルトリイバラの葉のほうは6の生地を手のひらで円形に押し広げ、中央にこしあんを乗せて包み、円盤形にしてサルトリイバラの葉ではさむ。

9 再度、強火の蒸気で7分蒸す。途中「泡切り」を2回する。

泡切り…蒸している途中で、蒸し器のふたをはずし、蒸気を除き、生地の表面の水滴をとり除く。生地の表面がなめらかになる。

10 蒸し上がったらあら熱がとれるまでそのままおく。関東タイプは温かいうちに柏の葉で包む。

夏

# 紫陽花《あじさい》

色や形の美しさから、手毬花《てまりばな》、四葩《よひら》、七変化とも呼ばれる紫陽花の花に見立てた美しい和菓子です。

## 材料／10個分

| | | |
|---|---|---|
| | 白あん（56ページ） | 150g |
| 錦玉羹 | 粉寒天 | 8g |
| 錦玉羹 | 水 | 720mL |
| 錦玉羹 | グラニュー糖 | 240g |
| 錦玉羹 | 食用色素（赤・青） | 各少量 |
| 錦玉羹 | 酒（または水） | 少量 |

## 作り方

1 なべに水と粉寒天を入れて弱火にかけ、耐熱性のゴムべらでかき混ぜながら粉寒天を溶かす。

2 グラニュー糖を入れて寒天液が煮立ったら、さらに5分ほどゴムべらでかき混ぜ、火を消す。

3 酒で溶いた赤と青の色素を、竹串の先で少量ずつ、点を描くようにいくつかなべ肌につける。ゴムべらで色素を少しずつぬぐいながら寒天液に溶かし、着色する。

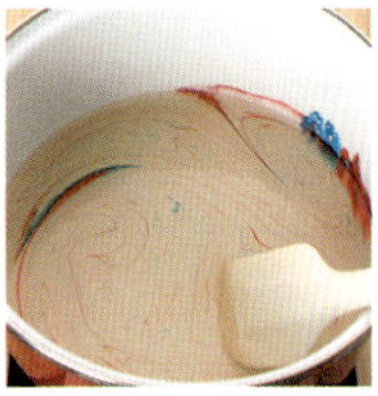

好みの色になったら、なべ肌に残った色素をふきとる。

4 バットなどの容器に移し入れて、常温でかためる。

5 寒天がかたまったら、5～7㎜角の立方体にカットしていく（錦《きん》玉羹《ぎょくかん》）。

6 白あんを10等分（15g）してそれぞれ丸め、あん玉を10個作る。

7 手のひらにラップをのせて錦玉羹を写真の量くらい散らし、中心に6のあん玉を1つのせる。

8 茶巾包みのようにラップの上から軽くおさえつけて、錦玉羹であん玉を包む。ラップを開いて、白あんが見えているところに手で錦玉羹を貼りつけ、再度ラップの上から軽く押さえながら包む。合計10個作る。

9 残った錦玉羹を小なべに入れ、それが半分浸るくらいの水（分量外）を加えて弱火にかける。錦玉羹が完全に溶けてから2～3分かき混ぜたら火を消す。少し冷ましてあら熱をとる。

10 8の錦玉羹があん玉からはがれ落ちないように、表面に9の寒天液をはけで薄く塗り、くっつける。

熱い寒天液では錦玉羹の角が溶けてしまうので、かならずあら熱をとった寒天液を塗る。寒天液がかたまったら、再び9をくり返す。

11 バットなどに並べて、冷蔵庫で冷やしかためる。

# 青《あお》楓《かえで》羹《かん》

蒸した大和芋を入れた
ねっとりとした舌ざわりの上用羹《じょうようかん》。
うぐいすあんと大納言が
透けて見えて涼やかな冷菓です。

## 材料／12個分（容量35mLの容器使用）

| | | |
|---|---|---|
| | うぐいすあん（58ページ） | 120g |
| | 大納言甘納豆 | 12粒※1 |
| 上用羹 | 大和芋 | 40g※2 |
| 上用羹 | 上白糖 | 10g |
| 上用羹 | 塩 | 0.5g |
| 上用羹 | 粉寒天 | 1.5g |
| 上用羹 | 水 | 125mL |
| 上用羹 | グラニュー糖 | 55g |
| 上用羹 | 食用色素（青・黄） | 各少量 |
| 上用羹 | 酒（または水） | 少量 |

※1／形のよい豆を選別する。
※2／皮を除いたもの。

## 寒天液の煮方

強火で粉寒天を煮溶かす。粉寒天が溶けた段階では少し不透明。

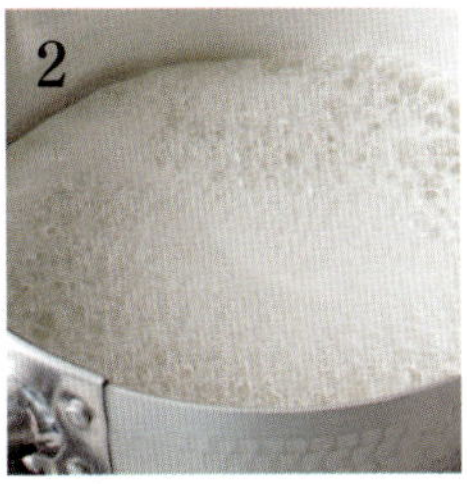

泡が湧《わ》き出たら火加減を調整してそのままの状態で1分程度加熱する。

グラニュー糖を加えて1～2分煮る。

きちんと煮上がった寒天は透明になる。

## 作り方

**1** 上白糖はふるう。うぐいすあんは12等分にして丸める。色素はそれぞれ酒に溶く。

**2** 大和芋は1cm厚さの輪切りにし、水に浸す。

**3** 蒸し器にかたく絞ったさらし布巾を敷いて大和芋を並べ、竹串が簡単に入る程度にやわらかくなるまで強火で15～20分蒸す。

**4** 蒸し器からとり出し、裏漉し器で裏ごしする。ボウルに入れ、上白糖と塩を加えてへらで混ぜる。

**5** なべに水と粉寒天を入れて強火で煮溶かし、さらにグラニュー糖を加えて1～2分煮る（写真・寒天液の煮方）。

**6** 4に5の寒天液を少しずつ加えて混ぜる。1の青と黄の色素をボウルの側面につけて色を調整しながら少しずつ加えて好みの色をつける（上用羹）。

**7** 上用羹を型にそれぞれ2/3まで流し、甘納豆を1粒とうぐいすあんを1個加える。

**8** 残りの上用羹を型の縁まで入れ、そのままおいてあら熱をとり、冷蔵庫に入れて2時間冷やしてかためる。

（参考）流し缶などでかためる場合、7が半止まりまでかたまったら、残りの上用羹を縁まで入れる。半止まりとは、ぬらした指先で寒天部分を押しても生地がつかず、やわらかい状態。型が小さい場合はこの作業は不要。

**9** 型からとり出して器に盛る。

型と寒天の間に竹串などを差し込んですき間をあけるととり出しやすい。

# 水ようかん

ひんやりと冷たい水ようかんは暑い夏の風物詩。こしあんの繊細なおいしさが、引き立ちます。とろけるような、さらりとした口当たりです。

**材料／12切れ分**
**(15×12㎝の流し缶1台分)**

| | |
|---|---|
| こしあん(48ページ) | 250g |
| 粉寒天 | 4g |
| 水 | 400mL |
| グラニュー糖 | 30g |

**作り方**

**1** なべに水を入れ、粉寒天を加えて5分ほどおいてふやかす。

**2** 1を中火にかけ、煮立ったら耐熱性のゴムべらでかき混ぜながら粉寒天を煮溶かす。

**3** グラニュー糖を加えてかき混ぜ、溶けたらこしあんを加えてざっと混ぜ合わせる。

**4** 火を消してぬれ布巾の上になべを置き、とろみがつくまで静かにかき混ぜる。

**5** 流し缶の内側を水でぬらし、4を流し入れて、あら熱がとれたら冷蔵庫で30～40分ほど冷やしかためる。

**6** 12等分に四角く切って器に盛る。

# アイス虎焼き

虎柄のしま模様がユーモラスなしっとりやわらかい生地に、ラム酒のきいた冷たいあずきクリームが絶妙です。中に入れるクリームに抹茶やきな粉を合わせてもおいしいです。

## 材料／8個分

| | | |
|---|---|---|
| あんクリーム | 小倉あん（54ページ）※ | 100g |
| | 生クリーム（乳脂肪分45％以上） | 100mL |
| | ラム酒 | 適量 |
| 生地 | 卵 | 2個 |
| | 上白糖 | 130g |
| | はちみつ | 12g |
| | 水あめ | 8g |
| | 重曹 | 1g |
| | 水 | 25mL |
| | 薄力小麦粉（ふるう） | 130g |
| | 水 | 7.5～30mL |
| | 油 | 適量 |

※粒あん（50ページ）でもよい。

## 作り方

1 ボウルに卵を割り入れ、溶きほぐす。上白糖を万能濾し器で漉しながら加え、泡立て器でしっかり混ぜる。

2 1を人肌程度の湯せんにかけながら、ハンドミキサーで泡立てる。生地が人肌に温まったら、湯せんをはずしてミキサーを高速にして泡立てる。

白っぽくもったりとして、生地を上から垂らすとリボン状に落ちて跡が残るくらいまで泡立てる。

3 湯せんで溶かしたはちみつと水あめを加え、泡立て器でよく混ぜる。さらに、水でといた重曹を加えて混ぜる。

4 薄力粉を加え、泡立て器でさっくりと混ぜたら、冷蔵庫で30分ほど休ませる。

5 4の生地が2の写真の状態になるように水を加えて調整する。

6 ホットプレートを170～180℃に温める。薄く油を引き、10cm角に切ったわら半紙をのせ、その上に5の生地を大さじ1強ぐらいずつ流して皮を焼く。

ホットプレートがなければフライパンでもよい。火加減は弱火～中火で。わら半紙がなければクッキングシートでもよいが、わら半紙を使うほうが熱の当たる部分が深いしわになり、くっきりとしたきれいなしま模様になる。

7 表面にプップッと気泡が見えてきたら、紙の端を持って紙ごと裏返す。10秒ほどさっと焼いたら、紙の端を持ってホットプレートからはがす。

8 わら半紙に水を霧吹きで2、3回吹きかけて、端のほうから紙をはがす。

9 生クリームにラム酒を加え、泡立て器で泡立てる。五《ご》分《ぶ》立てになったら小倉あんを加え混ぜる。

10 皮のあら熱がとれたら、虎模様が外側になるようにして9のあんクリームをはさむ。

11 冷凍庫で冷やす。

夏

# 小豆《あずき》アイス

牛乳のまろやかさに
粒あんの風味と
粒々の食感が楽しめます。

**材料／4個分**（直径4㎝のディッシャー使用）

粒あん（50ページ）……200g
牛乳……200mL
生クリーム（乳脂肪分45％以上）……50mL
ラム酒……適量

**作り方**

1 ボウルに材料をすべて入れ、泡立て器で攪拌する。密閉容器に入れて冷凍庫で冷やす。

2 1時間ほどしてかたまりかけたら冷凍庫からとり出し、フォークなどで細かくくずして全体を混ぜ、再び冷やしかためる。これを2～3回くり返す。

3 ディッシャーですくい、器に盛る。

# 冷やししるこ

氷でキーンと冷えた
白玉団子がうれしい。
冷たいサラサラのおしるこは、
渇いたのどを潤します。

**材料／4人分**

こしあん（48ページ）……160g
a［水……160mL
　グラニュー糖……30g
［白玉粉……60g
　水……60mL
栗の甘露煮（市販品）……2個
干しあんず……2個
氷……適量

**作り方**

1 栗の甘露煮と干しあんずはそれぞれ4等分に切る。

2 なべにaを入れ、強火にかける。

3 煮立ったらこしあんを加えてざっと混ぜ合わせ、あら熱がとれたら冷蔵庫で冷やす。

4 ボウルに白玉粉を入れ、分量の水を2回に分けて加え混ぜ、手でよくこねる。12等分してそれぞれ丸める。

5 別のなべに湯を沸かし、沸騰したら4を入れてゆで、浮き上がってきたら1分くらいゆでて冷水にとる。冷めたら水けをきる。

6 グラスに氷を入れ、3のしるこをかき混ぜて注ぎ、5の白玉団子、1の栗の甘露煮と干しあんずを入れて軽く混ぜる。

# 秋

## 里《さと》柿《がき》

ういろう細工で表わした
柿の形の和菓子から、
どこか懐かしい里の秋の風景が広がります。

### 材料／12個分

| | | |
|---|---|---|
| 柿あんずあん(68ページ) | | 240g |
| 生地 | 白玉粉 | 70g |
| | 上新粉 | 60g |
| | グラニュー糖 | 165g |
| | 水 | 140mL |
| | 食用色素(赤・黄) | 各少量 |
| | 酒(または水) | 少量 |
| かたくり粉 | | 適量 |

### 作り方

1 ボウルに白玉粉を入れる。水半量（70mL）を2～3回に分けて加え、ゴムべらで混ぜ合わせる。グラニュー糖も加えてさらに混ぜる。

2 残りの水（70mL）を入れ、さらに上新粉を加えて混ぜ合わせる。

3 色素を酒で溶き、竹串の先で少量ずつ、点を描くようにいくつかボウルの縁に置く。色素を1つずつ生地に溶かしながら着色する。

4 ざるにかたく絞ったさらしぬれ布巾を敷き、3の生地を流し入れる。蒸気の上がった蒸し器に入れて、強火で10～15分蒸す。

5 柿あんずあんを40～50gとりおき、残りは12等分してそれぞれ丸める。

6 4の生地が蒸し上がったら、布巾ごととり出す。生地を布巾からぬぐいとり、きれいなぬれ布巾の上にのせ、布巾越しにつやが出るまでよくこねてまとめる(81ページ作り方5参照)。

7 6を12等分してそれぞれ丸める。手の指を軽く曲げて丸めた生地を1つ置き、少し押しつぶして平らにする。5のあん玉1つを包んで丸く成形する。同様にして合計12個作る。

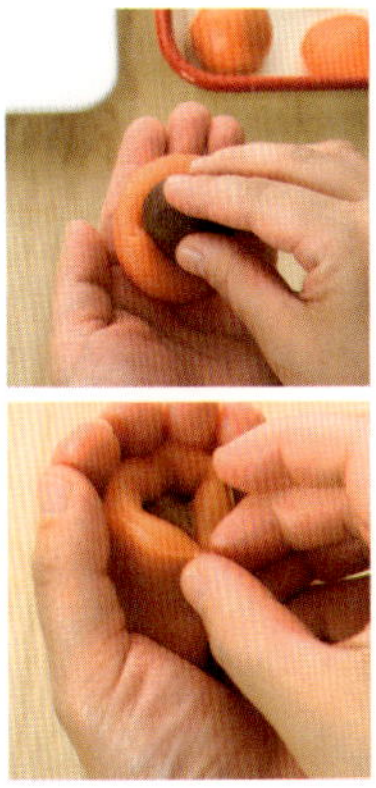

あん玉が半分ほど生地に包まれたら、生地を指でつまんで閉じる。

8 7にはけでかたくり粉をつけ、手でうっすらとまぶし、余分な粉は払い落とす。

9 竹串を使って柿の形に成形する。

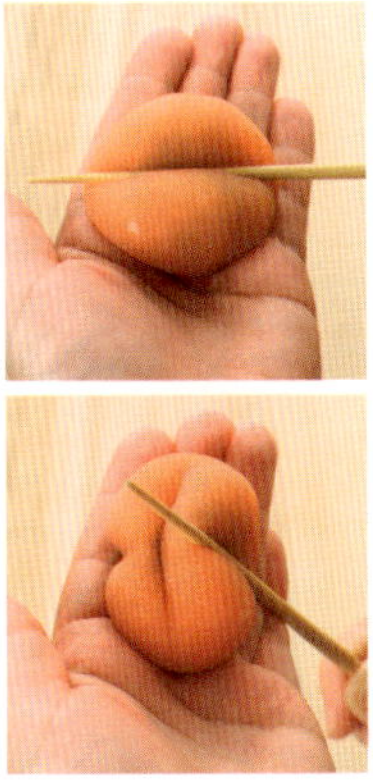

まず、竹串で横に線を入れる。半回転させて、両脇に縦に線を入れたら、手で丸く整える。

10 とりおいた柿あんずあんを12等分してそれぞれ丸めて、指で平らにしたものを9にのせて、へたを作る。

# 栗の里山

栗の甘露煮をのせた
カップ入りの「栗の里山」は、
少し洋風の装いです。

**材料／8個分**
**（直径5㎝の紙カップ）**

- 卵白 …… Lサイズ1個分（40g）
- 上白糖 …… 70g
- ベーキングパウダー …… 1g

- 白あん（56ページ） …… 170g
- 卵黄 …… Lサイズ1個分（20g）
- 生クリーム（乳脂肪分45%以上） …… 5mL
- ラム酒 …… 2.5mL

- 薄力小麦粉 …… 20g
- 上新粉 …… 15g

- 栗の甘露煮（市販品） …… 6個
- いり黒ごま …… 適量

**作り方**

1 紙カップをプリン型などに敷く。

2 栗の甘露煮は4等分に切る。

3 卵を卵黄と卵白に分けて、卵白はボウルに入れ、泡立て器で白っぽくなるまで泡立てる。

4 1度ふるい合わせた上白糖とベーキングパウダーを、万能漉し器を通して2、3回に分けて3のボウルに加え、そのつどしっかりと泡立て、角が立つまで泡立ててメレンゲを作る。

5 別のボウルに卵黄と白あんを入れ、ゴムべらなどで混ぜ合わせる。

6 さらに生クリームとラム酒を加えて混ぜる。

7 6に4のメレンゲを半量入れ、ゴムべらで軽く混ぜ合わせる。

8 薄力粉と上新粉を合わせて万能こし器を通して7にふるい入れ、均一に混ぜ合わせ、さらに残りのメレンゲを加えてさっくりと混ぜ合わせる。

メレンゲの気泡をつぶさないように、切るように混ぜる。

9 1の中に8をスプーンなどでカップの八《はち》分《ぶ》目まで入れる。

スプーンを2本使うと入れやすい。

10 2の栗の甘露煮を3つずつのせ、菜《さい》箸《ばし》で軽くおさえる。

11 蒸気の上がった蒸し器に入れ、弱火で10分強蒸す。

12 上から黒ごまをふる。

# 栗の郷《さと》

同じ生地を秋の味覚の代表である栗やきのこにして楽しみます。

**材料／5個分**

栗あん（66ページ）……75g
雪平生地（右記上）……100g
上がけようかん（右記下）……適量
けしの実……適量

**作り方**

1 雪平生地は5等分してそれぞれ丸めて平らにのばす。

2 栗あんも5等分してそれぞれ丸める。

3 1で2を包んで栗の形に整え、平らな所に置く。

4 上からスプーンであら熱をとった上がけようかんをかけ、そのまましばらくおく。

5 ようかんがかたまったら、下に流れた余分なようかんをきれいに除く。下の部分の周囲にけしの実をつける。

# きのこ狩り

この形、見たとたんにほほえんでしまいます。これぞ和菓子の楽しさです。

**材料／5個分**

栗あん（66ページ）……75g
雪平生地（右記上）……150g
上がけようかん（右記下）……適量

**作り方**

1 雪平生地は5等分してそれぞれ丸めて平らにのばす。

2 栗あんも5等分してそれぞれ丸める。

3 1で2を包み、俵形に整え、中央を指でつまんできのこの形に成形する。

4 笠《かさ》の部分にあら熱をとった上がけようかんをスプーンでかける。ようかんがかたまったら、下に流れた余分なようかんをきれいに除く。

5 軸の部分に熱したフォークで3筋ほど焼き目をつける。

## 雪平《せっぺい》生地の作り方

**材料／でき上がり250g**

白玉粉……50g
水……60mL
グラニュー糖……100g
卵白……½個分（15g）
白あん（56ページ）……60g
水あめ……5g
かたくり粉（ふるう）……適量

**作り方**

1 白玉粉は分量の水を2、3回に分けて加えては、だまがないように混ぜる。

2 かたく絞ったさらしのぬれ布巾に1をのせて茶巾に絞り、布巾ごとバットに入れ、蒸気の上がった蒸し器に入れて強火で10～15分蒸す。生地全体が半透明になればよい。

3 布巾に包んだまま冷水にとり、表面が冷めて生地がしまったら（中は温かくてよい）生地をなべに入れて弱火にかけ、グラニュー糖を2～3回に分けて加えては木べらで練る。卵白を加えて手早く混ぜ、白あんを加えてさらに練る。つやが出て、木べらですくって落としたとき、生地が伸びてなめらかな状態になったら火を消し、水あめを加えて練り混ぜる。

4 バットにかたくり粉をふり、3を熱いままあけて表面にかたくり粉をまぶす。あら熱をとる。

---

## 上がけようかんの作り方

**材料／栗の郷5個分＋きのこ狩り5個分**

粉寒天……1.5g
水……100mL
グラニュー糖……90g
こしあん（48ページ）……150g
水あめ……3g

**作り方**

1 なべに分量の水を入れて粉寒天をふり入れ、火にかけ、混ぜながら1～2分弱火で静かに沸騰させる。

2 グラニュー糖を加えて溶かし、こしあんを加え、強めの中火で10～15分木べらで練り、煮つめる。つやが出て泡が小さくなり、木べらですくって落とすと1本の線に流れるようになったら火を消し、水あめを混ぜる。

# 秋《あき》芋《いも》きんとん

秋らしい彩りのお芋の練り切り。
中あんと、外側にまとうきんとんそぼろは
それぞれが逆になります。

## 材料／黄・紫各4個分

| | |
|---|---|
| さつま芋あん(66ページ) | 240g |
| ぎゅうひ(右記) | 10g |
| 紫芋あん(66ページ) | 240g |
| ぎゅうひ(右記) | 10g |
| ピスタチオ | 1粒 |
| 金《きん》箔《ぱく》(あれば) | 少量 |

## 作り方

1 ピスタチオは縦に4等分に薄切りにする。

2 なべにさつま芋あんを入れて弱火にかけ、ぎゅうひを加えてへらで練り、手のひらでさわっても手につかなくなるまで加熱したら火から下ろし、あら熱をとる（練り切り）。

3 2を60gとり分け、4等分してそれぞれ丸める。残りは目のあらい裏濾し器にのせ、上から手のひらでまっすぐに押してきんとんそぼろを作る。

4 紫芋の場合も2、3と同様にして作る。

5 丸めたさつま芋の練り切りには紫芋のきんとんそぼろを、丸めた紫芋の練り切りにはさつま芋のきんとんそぼろを、箸を使って、下から上にていねいに植え込む。

6 さつま芋のきんとんの上にはピスタチオを、紫芋のきんとんの上には金箔を飾る。

## ぎゅうひの作り方

### 材料／でき上がり200g

| | |
|---|---|
| 白玉粉 | 50g |
| 水 | 75mL |
| グラニュー糖 | 90g |
| 水あめ | 25g |
| かたくり粉(ふるう) | 適量 |

### 作り方

1 ボウルに白玉粉を入れ、分量の水を2、3回に分けて加えては、だまがないように混ぜる。

2 かたく絞ったさらしのぬれ布巾に1をのせて茶巾に絞り、布巾ごとバットに入れ、蒸気の上がった蒸し器に入れて強火で10〜15分蒸す。生地全体が半透明になればよい。

3 布巾に包んだまま冷水にとり、表面が冷めて生地がしまったら（中は温かくてよい）、生地をなべに入れて弱火にかけ、グラニュー糖を2、3回に分けて加えては木べらで練る。つやが出て、木べらですくって落としたとき、生地が伸びがよくてなめらかな状態になったら火を消し、水あめを加えて練り混ぜる。

4 バットにかたくり粉をふり、3を熱いままあけて表面にかたくり粉をまぶす。あら熱がとれたら適当な大きさに切って保存する。

# おはぎ

お彼岸といえばお供えのおはぎ。
あずきの赤い色が邪気を祓《はら》うという説や、
栄養豊かなあずきを食べて
無病息災を祈るという説があるようです。
春と秋の季節の変わり目に
家族で楽しみたい小ぶりのおはぎです。

## 材料／14個分
（「こしあんおはぎ」と「きな粉おはぎ」各7個分）

| | |
|---|---|
| こしあん（48ページ）※ | 245g |
| もち米 | 1合（155g） |
| 上白糖 | 5g |
| 塩 | 少量 |
| きな粉 | 適量 |

※粒あん（50ページ）でもよい。

## 作り方

1 もち米は洗い、炊飯器の内釜に入れる。白米1合の目盛りまで水を注ぎ、上白糖と塩を加えて30分以上浸水させ、普通に炊く。

2 炊き上がったらボウルに移し、ゴムべらやすりこ木などで押しつけて、粒感が残る程度に（半殺し）、軽くつぶす。

3 2を「こしあんおはぎ」用に20g×7つ、「きな粉おはぎ」用に30g×7つに分け、手に水をつけて丸める。

4 こしあんを、「こしあんおはぎ」用に25g×7つ、「きな粉おはぎ」用に10g×7つに分ける。

5「こしあんおはぎ」は、ぬれ布巾かラップを手のひらにのせ、4のこしあんを軽く広げ、中央に3のもち米ごはんを置いてあんで包み、俵形に整える。

6「きな粉おはぎ」は、ぬれ布巾かラップを手のひらにのせ、3のもち米ごはんを広げ、中央に4のこしあんを置いてごはんで包み、俵形に整える。バットにきな粉を入れ、ころがして全体にまぶしつける。

# 秋の五穀団子

秋に実る五穀（小豆、粟《あわ》、きび、ごま、大豆）を使った団子。香ばしいくるみの香りと粒々の食感の団子に粒あんがたっぷり。

## 材料／10本分

| | | |
|---|---|---|
| | 粒あん（50ページ） | 100g |
| 団子 | もち粟 | 40g |
| | もちきび | 40g |
| | 道明寺粉※ | 30g |
| | 水 | 180mL |
| | 上白糖 | 15g |
| | くるみ | 10g |
| 砂糖蜜 | 上白糖 | 30g |
| | 水 | 40mL |
| | すり黒ごま・きな粉 | 各15g |

※四つ割の道明寺粉を使用。

## 作り方

1 粒あんは20等分してそれぞれ丸める。

2 砂糖蜜を作る。なべに上白糖と水を入れて煮立て、冷ます。

3 くるみは170℃に熱したオーブンで7～8分程度焼き、細かく刻む。

4 ボウルに粟ときびを合わせてかぶる程度の水（分量外）に30分浸し、ざるにあげて水けをきる。

5 なべに団子の材料の水と4を入れて強中火にかけ、へらで混ぜながら煮立て、アクが出たらとり除く。

6 道明寺粉を加え、弱火にしてへらで混ぜながら5分程度加熱し、火を消してふたをし、15分蒸らす。

7 ボウルに移し、団子の材料の上白糖を加えてやや粒がつぶれる程度まで混ぜる。

粟やきびの粒をつぶしながら粘りが出るまで練り混ぜる。

8 くるみを加えて混ぜ、砂糖蜜を手につけながら20等分してそれぞれ丸める。

9 手のひらに8を1つのせて平らにし、粒あんを1つずつ包む。合計20個作る。

丸めた生地を平らにしてあんこをのせ、左手の指先で生地をのばしながらあんこを包む。

10 半量に黒ごま、もう半量にきな粉をまぶし、鉄砲串にそれぞれ1個ずつ刺し、10本作る。

# 小倉山かのこ

大納言の粒々が鹿の背の斑点に似ているので「鹿の子」、鹿肉がもみじと呼ばれているのでもみじの名所の「小倉山」が名前の由来だとか。

## 材料／6個分

- 粒あん（50ページ）……150g
- 栗の甘露煮（市販品）……3個
- 大納言甘納豆（市販品）※……200g
- 砂糖蜜
  - グラニュー糖……100g
  - 水……100mL
- つや寒天
  - a
    - 粉寒天……6g
    - 水……150mL
  - グラニュー糖……90g
- 金《きん》箔《ぱく》（あれば）……適量

※54ページの小豆の蜜漬けを使ってもよい。

## 作り方

1 砂糖蜜を作る。なべにグラニュー糖と水を入れて煮立て、冷ます。

2 甘納豆を1にくぐらせて表面の砂糖を溶かし、ざるにあげる。

3 粒あんは6等分してそれぞれ丸める。

4 栗は半分ずつに切り、3の丸めた粒あんにのせ、残りの表面に2の甘納豆を粒が重ならないように全体に押しつける。

甘納豆がつぶれないように加減しながらあんこに押しつける。

5 つや寒天を作る。なべにaを入れて煮溶かし、グラニュー糖を加えて1～2分煮立てて火を消す。あら熱をとる。（83ページ寒天液の煮方参照）

6 5がかたまらないうちに、はけで4の表面全体に塗り、かたまったら金箔を飾る。

冬

# 枯《こ》露《ろ》柿《がき》

本物と見まがうばかりの、
干し柿を模した和菓子。
こしあんを干し柿のようかんで包みました。

### 材料／15個分

こしあん(48ページ)……360g
干し柿……5個(100g)※1
［棒寒天……1本(8g)
［水……250mL
グラニュー糖……120g※2
水あめ……10g
粉砂糖……適量

※1／へたと種と表面のかたい部分を除いたもので100g。
※2／干し柿の甘さによって加減する。

### 作り方

1 干し柿はへたと種を除き(へたはとりおく)、表面のかたい部分から実をそぎ落とす。これを包丁で細かく刻んでボウルに入れ、こしあん210gを加えてよく混ぜ合わせる。

2 残りのあんは15等分してそれぞれ丸める。

3 棒寒天は洗い、ひたひたの水（分量外）に浸して30分〜1時間おく。水けをよく絞って小さくちぎり、分量の水といっしょになべに入れ、火にかけて煮溶かす。完全に溶けたらグラニュー糖を加えて煮溶かし、濾し器で濾してなべに戻し、火にかける。

4 3のなべに1を加えてよく混ぜ、火を消し、水あめを加えて混ぜ、流し缶（15×15×5㎝）に流し入れる。あら熱がとれたら冷蔵庫に入れて冷やしかためる。

5 型からはずし、15等分に切る。

6 ラップの上に5を1つのせてラップでおおい、手のひらで押しつぶし、おおったラップを開く。中心に2のあんを1つのせ、ラップを使ってあんを包み、干し柿に見立てて形作る。同様にして合計15個作る。

7 全体に粉砂糖をまぶし、干し柿のへたをつける（できれば干し柿のへたを15個用意する。こしあん［分量外］を薄く平らにのばし、四つ葉か花形に抜いて代用してもよい）。

# 柚《ゆず》ミルクまんじゅう

柚あんを生地で包んで柚の形にするのが楽しいお菓子！
ミルクまんじゅうは、1日おくと生地が
しっとりしてあんとなじみます。

## 材料／8個分

- 柚あん（67ページ）……200g
- 生地
  - a
    - コンデンスミルク……80g
    - 卵黄……Mサイズ1個分（15g）
    - 重曹……1g
    - 水……5mL
  - 薄力小麦粉……80g
  - 食用色素（黄）……少量
  - 酒（または水）……少量
  - 抹茶……1g

## 作り方

1 重曹は分量の水に溶く。薄力粉はふるう。食用色素は酒に溶く。

2 柚あんは8等分してそれぞれ丸める。

3 ボウルにaを入れてへらで混ぜる。

4 薄力粉を加えてへらでさっくりと切るように混ぜる。

5 食用色素で生地に色をつける。

ボウルの内側に色素をつけ、色を調整しながら生地に少しずつ混ぜ込む。

6 台に手粉（薄力粉、分量外）を広げ、5の生地をこねてまとめ、ラップで包んで30分程度冷蔵庫でねかせる。

生地がなめらかになって指で軽く押すと跡がつくくらいにこねる。手粉を使いすぎると生地がかたくなるので注意する。

7 生地から10g程度とり分け、抹茶と合わせて緑色の抹茶生地を作る。残りは8等分にし、2の柚あんを1つずつ包む（92ページ作り方9参照）。

8 抹茶生地1/8量で、葉とへたを形作り、7の上に置き、竹串で押し込む。竹串で数か所、柚の表皮に似せて穴をあける。合計8個作る。

竹串の平らなほうの先で強めに押し込む。

9 霧吹きで水を吹きかけ、8の表面についている粉を落とす。

10 天板にオーブンシートを敷いて9を並べ、170℃に熱したオーブンで8～10分焼く（まんじゅうの底が焼けていればよい）。途中、焼き色が濃い場合は、アルミ箔《はく》でおおって焼き色を調節する。

冬

# かるかんまんじゅう

鹿児島県の郷土菓子である「かるかんまんじゅう」。
大和芋の香りと上品な甘さ、
ふんわりとやさしい口当たりが印象的な蒸し菓子です。
その口当たりのよさから「軽羹」とも表記されます。

**材料／9個分**
**(直径7㎝のかるかん型)※**

こしあん(48ページ)……90g

生地
- 大和芋のすりおろし……80g
- 水……90mL
- 上白糖……120g
- 卵白……Lサイズ1個分(40g)
- 上白糖……20g
- 上新粉……125g

※かるかん型がない場合は、小さなちょこや湯飲みなどの器で代用する。

## 作り方

1 すりおろした大和芋をすり鉢に入れて、きめ細かくなるようにさらにすりこ木でする。

2 1に分量の水を2回に分けて加え、そのつどすり混ぜる。上白糖を2回に分けて万能濾し器を通してふるい入れ、さらにすり混ぜる。

3 ボウルに卵白を入れ、泡立て器で泡立てる。上白糖を万能濾し器を通して2～3回に分けてふるい入れ、角が立つまで泡立ててメレンゲにする。

4 3に2を入れ、泡立て器でなめらかになるまでかき混ぜる。

5 4に上新粉を加え、泡立て器で混ぜる。

どろどろとした生地なので混ざりにくいが、写真のようになめらかになるまで混ぜる。

6 かるかん型に油（分量外）を薄く塗り、スプーンで5の生地を六《ろく》分《ぶ》目まで入れる。

7 こしあんを9等分にしてそれぞれ楕円形に丸め、6の中央に入れる。

あん玉が半分ほど生地に隠れるまで、指で軽く押し込む。

8 あん玉が隠れるように、残りの生地を等分に入れ、表面をスプーンの裏でならす。

9 蒸気の上がった蒸し器の中に8を並べ入れて、強火で30分蒸す。

蒸気が水滴となって落ちないように、蒸し器のふたを布巾で包んでおく。

10 すぐに型からとり出し、オーブンシートやかたく絞ったぬれ布巾を敷いたバットにのせてあら熱をとる。

# 白あんのブランデーケーキ

ブランデーのしみ込んだ、
和と洋が融合したパウンドケーキ。
作りたてより、少し時間をおいたほうがしっとりします。
冷蔵で1～2週間もちます。

**材料／1本分**
**(16×7×6㎝のパウンド型)**

| | |
|---|---|
| 白あん(56ページ) | 200g |
| サラダ油 | 90g |
| 薄力小麦粉 | 135g |
| 卵白 | Lサイズ2個分(80g) |
| グラニュー糖 | 120g |
| 甘納豆(小豆) | 100g |
| ブランデー | 60mL |
| 抹茶(あれば) | 適量 |

**作り方**

1 型にオーブンシートを敷き込む。

2 甘納豆に薄力粉（分量外）を薄くまぶしておく。

3 白あんとサラダ油を合わせてなめらかになるまで混ぜ合わせる。

4 ボウルに卵白を入れて泡立て器でよく泡立てる。

5 4にグラニュー糖を2、3回に分けて加え、そのつどしっかりと泡立ててメレンゲを作る。

泡立て器を持ち上げたときに角がピンと立つまで泡立てる。

6 5にふるった薄力粉と3の白あんを半量ずつ、交互に加えて、そのつどゴムべらなどでさっくりと混ぜ合わせる。

7 2の甘納豆を加えて軽く混ぜる。

8 型に流し入れる。ゴムべらで軽く表面をならしたあと、型ごと2～3回上から落とす。

9 きれいな山形になるように、ゴムべらで縦に線を引くようにする。

10 180℃に熱したオーブンで40分焼く。

11 焼き上がったらケーキクーラーにのせ、オーブンシートをはがす。はけで、上面と側面にたっぷりとブランデーを塗る。

12 あら熱がとれたら、アルミ箔《はく》に包んで半日～1日ほどおく。

13 食べるときに切り分けて、好みで抹茶を茶こしを通してふりかける。

冬

# 中華粒あんの三色白玉団子

中国の旧正月を祝う行事、元《げん》宵《しょう》節《せつ》に食べる元宵団子は、ラードやごまを加えたあんこが入っています。かわいらしい三色の白玉団子をフルーティーな温かいシロップとともにいただきます。

## 材料／4人分

| | | | |
|---|---|---|---|
| 中華粒あん | | 粒あん（50ページ） | 60g |
| | | ラード | 4.5g |
| | | すり黒ごま | 15g |
| 白玉団子 | | 白玉粉 | 75g |
| | | 水 | 60mL |
| | | 食用色素（赤・緑） | 各少量 |
| | | 酒（または水） | 少量 |
| シロップ | | 上白糖 | 50g |
| | | 水 | 250mL |
| | a | パイナップル（5㎜角に切る） | 30g |
| | | くこの実（もどす） | 12粒 |
| | | 桂《けい》花《か》陳《ちん》酒《しゅ》※（あれば） | 少量 |

※白ワインに金木犀の花を漬け込んだ中国のお酒。強い甘味と香りが特徴。

## 作り方

1 中華粒あんを作る。なべに粒あんとラード、黒ごまを入れて弱火にかけ、均一になるまで混ぜて火を消す。バットに移し、冷めたら12等分にしてそれぞれ丸める。

2 シロップを作る。別のなべに上白糖と分量の水を入れ、中火で2～3分加熱する。火を消し、aを加える。

3 ボウルに白玉粉を入れ、分量の水を2、3回に分けて加え混ぜる。

4 3を3等分にし、1つはそのまま、残りの2つはそれぞれ酒に溶いた色素（赤、緑）を加えて色をつける。それぞれ4等分にし、1の中華粒あんを包んで丸める。

5 なべに湯を沸かして4をゆで、白玉団子が浮き上がってからさらに1分ほどゆでる。

6 湯をきって器に盛り、温めた2のシロップを注ぎ入れる。

# ラムレーズンあんの焼きしぐれ

こしあんにラムレーズンを入れた洋風なあんをクッキー生地で包みました。洋酒があんこの存在感を引き立たせる、創作和菓子です。

**材料／8個分**

ラムレーズンあん（68ページ）……200g

クッキー生地

- バター（食塩不使用、室温にもどす）……65g
- 粉砂糖……30g
- 卵黄……Lサイズ1個分（20g）
- コンデンスミルク……10g
- 薄力小麦粉（ふるう）……110g

**作り方**

1 ラムレーズンあんは8等分にしてそれぞれ丸める。

2 ボウルにバターと粉砂糖を入れて泡立て器ですり混ぜる。溶きほぐした卵黄を2～3回に分けて加えて混ぜ、コンデンスミルクを加えて混ぜる。薄力粉を加えてゴムべらで切るようにして混ぜる。

3 2をラップで包み、冷蔵庫で約30分ねかせる。

4 ラップをはずし、手に薄力粉適量（分量外）をつけて3を軽くもみ、8等分して丸める。手のひらに1つのせ、中央を押し広げ、1のラムあんを1つのせて包む。同様にして合計8個作る。

5 かたく絞ったさらし布巾に4を包み、茶きん絞りにする。

6 オーブンシートを敷いた天板に並べ、180℃に熱したオーブンで約25分焼く。

# 5章 あんこ雑学

あんこに関する歴史、分類、栄養を知ることで、
あんこのことをより深く知ることができます。
また、あんこや和菓子を作るときなどの用語を解説します。
専門用語が多いので、これらの言葉を理解すると、
よりじょうずにあんこや和菓子が作れるようになるでしょう。

# 日本のあんこの歴史

## あんこ年表

### 縄文・弥生時代

縄文・弥生時代の遺跡（桜町遺跡：富山県、登呂遺跡：静岡県、天王遺跡：山口県）から炭化した小豆や小豆の種が発見された。

弥生時代には日本各地で小豆が栽培されていた。

### 飛鳥時代

中国から「唐菓子《からかし》」、「菓《か》（果）餅《へい》」が伝来し、饅頭《まんじゅう》の中に詰める肉や野菜で作られた「餡《あん》」が出現する。

天武天皇が肉食禁止令（675年）を発布。※以後1871年明治天皇が肉食解禁令を発布するまで1200年間続いた。

### 奈良・平安時代

大豆・小豆が『古事記』（720年）で供え物や祭事に使われたと記録される。

遣唐使がえんどう豆を日本に持ち帰った。

肉の代わりに小豆を使った「小豆餡」が誕生する。

日本独自の甘味料「甘葛《あまづら》」が製造される。

### 鎌倉時代

中国からの点心や喫茶の文化の影響を受け、砂糖を使った茶請けなどを製造。粒あんからこしあんの製法を考案。

### 室町時代

中国などからの砂糖の輸入量が増え、あんこを使った和菓子が増えるとともに和菓子屋が増える。

### 安土桃山時代

南蛮菓子が長崎へ伝来。

### 江戸時代

砂糖が国内栽培され、あんこに加えられるようになった。

あんこの製法が確立され、和菓子が大成する。

### 明治・大正時代

多品種の小豆が欧米から持ち込まれ、北海道を中心に生産が始まる。製あん技術の向上と機械化が進む。

### 昭和時代以降

低エネルギー甘味料や様々な副材料を融合した創作あんこや写真映えする「ネオあんこ」など新たなジャンルのあんこが誕生。

## 「赤」は魔よけの色＝小豆の赤色

中国では古くから小豆の赤い色を「陽」ととらえ、災いなどの「陰」を封じると信じられてきました。この風習が日本に渡り、無病息災や魔よけを祈願する年中行事に赤飯やおはぎなどの小豆を使った料理が食されるようになりました。それが今でも続いているのです。

## 餡は甘くなく小豆でもなかった

日本におけるあんこの語源は「餡《あん》」です。

もともと「餡」は米や麦などで作った食物に穴をあけて、その中に詰めるものを指していたといわれています。歴史上、わが国における「餡」が登場したのは、大和朝廷が遣隋使を派遣した飛鳥時代、朝廷への献上品に餡が用いられていたのではないかとされています。

## 献上品であった唐菓子《からかし》

唐菓子8種類の中で「団喜《だんき》」は、生地に肉や野菜などの餡を詰めたものとされています。

さらに菓（果）餅14種類の中の「餛飩《こんとん》」も生地で刻んだ肉を包んで団子のように丸めて蒸したものとされているため、中国から伝わった「餡」は明らかに小豆ではないことがうかがえます。

その後、獣肉などから作られていた餡は、殺生禁断の僧侶たちによって、代替品である小豆を使った「小豆餡」に加工されたようです。

## 甘い小豆のあんこの誕生

奈良時代には、中国から砂糖が輸入され、当時は高価な食材であったため、塩で味つけされた塩餡や塩小豆が食されていました。やがて、甘《あま》葛《づら》（ツタの樹液を煮詰めて作る甘味料）などで甘味をつけた甘い餡が作られます。甘葛の糖度は、春先では1%にも満たないのですが、冬になると20%近くになる甘味料です。平

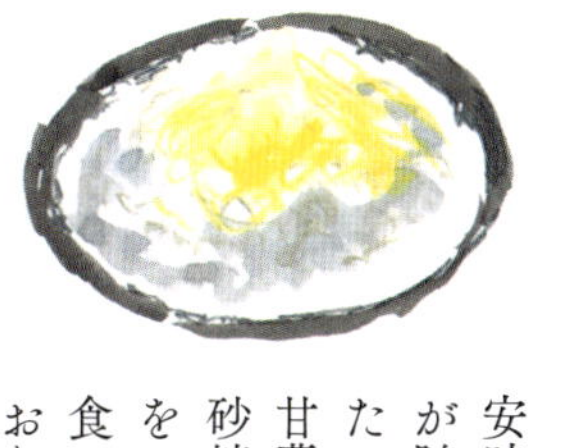

安時代に清少納言が随筆として書いた『枕草子』では、甘葛を煮詰めて、砂糖蜜にしたものをかき氷にかけて食べると書かれており、有名な一節となっています。『倭訓栞《わくんのしおり》』では、「西土（中国）の饅頭《まんじゅう》の餡は、鳥獣の肉を用ひ、本邦（日本）では、赤豆砂糖を用ふ」と書かれています。中国から伝来した餡が、日本人の感性やくふうによって、独自の製餡方法を確立し、豆類を用いたものとなりました。

## 茶菓子の登場

その後、鎌倉時代では中国から、点心や喫茶の文化が流入し、饅頭や羊羹《ようかん》などお茶を引き立たせる茶菓子（茶請け）や小豆とともに味わう焼餅《もち》やしるこ餅が登場します。

菓子の需要が高まる中、室町時代には甘葛の代わりに、砂糖の輸入量が増加し、砂糖を餡に加えられたものが定着しました。そして、製餡方法についてもくふうが重ねられ、様々な菓子が創製されました。先の焼き餅は大福やあんこ餅へ、しるこ餅は関西ではぜんざいになったと考えられています。しかし、まだまだ砂糖は高価で貴重なもの。茶道をたしなむ貴族や武士たちだけが、それらの菓子を口にすることができました。これが「京菓子」の始まりといわれています。

安土桃山時代には、ポルトガルやスペインから砂糖や卵を使った栄養価の高い菓子としてカステラやボーロなどの「南蛮菓子」が長崎の街道筋から佐賀、福岡などへ伝来します。高価な砂糖や卵をふんだんに使った甘くて、こくのある菓子に当時の人々は魅了されたと思います。

## 和菓子が大成した江戸時代

江戸時代には、鎖国により日本独自の餡を使った和菓子が大成され、豊富な種類の餡（小豆餡をはじめ、胡麻餡、抹茶餡、黒糖餡、黄味餡など）も作られるようになりました。

その背景には、第8代将軍の徳川吉宗による国内産の砂糖奨励策によって、砂糖が入手しやすくなったことがあります。1718年に発刊された版本の日本最古の製法書『古今名物御膳菓子秘伝抄』に餡の作り方（小豆のこし餡と粒餡など）が紹介されています。現代の製あん方法とほぼ同じことに驚きます。

甘い「餡」が「あんこ」と呼ばれるようになったのもこのころ。あんこを使った大福や羊羹《ようかん》、どら焼き、最中《もなか》、練り切り、饅頭《まんじゅう》なども作られ、和菓子が大成します。

## 近代のあんこの移り変わり

明治時代以降は、羊羹《ようかん》や最中《もなか》などを看板とする和菓子屋が次々と創業し、製餡技術が進歩すると同時に、合理的な機械化が進みます。あんこを専門とする製餡所が誕生しました。あんこが大量生産できるようになり、和菓子屋を支える重要な生業《なりわい》となりました。

現代となり、あんこは大きな転換期を迎えています。砂糖の代わりに低エネルギー甘味料を使ったり、果物や抹茶などの味をつけたりした融合性の高いあんこが増えています。さらに、今までにない色や味の組み合わせで写真映えする「ネオあんこ」と呼ばれる新たなジャンルのあんこも多く見られるようになっています。

時代に合わせて、あんこが変化しているのは、「食文化としてのあんこを守っていく」という意識が日本人の心の中にあるからこそと思います。

【参考文献】
鈴木晋一／松本仲子『東洋文庫近世菓子製法書集成（2）』平凡社（2013）
芝崎本実「つくる、食べる、もてなす あんこのことがすべてわかる本」誠文堂新光社（2016）
武井仁、的場研二「55周年記念出版『餡』」㈱的場製餡所（1979）
山下晃四郎「日本菓子発達史巻一『上古の倭菓子』」日本菓糖新聞社（1958）
中村孝也「和菓子の系譜」淡交新社（1967）
小西千鶴「知っておきたい和菓子のはなし」旭屋出版（2004）
並松信久「和菓子の変遷と菓子屋の展開」京都産業大学日本文化研究所紀要26, 268-308（2021）
青木直己「図説 和菓子の歴史」ちくま学芸文庫（2017）
中山圭子「事典 和菓子の世界 増補改訂版」岩波書店（2018）
橋爪伸子「地域名菓の誕生」思文閣出版（2017）
青木直己「図説 和菓子の今昔」淡交社（2000）
全国和菓子協会：第1章「和菓子を知る」
https://www.wagashi.or.jp/monogatari/shiru/rekishi/

# あんこの分類

## 原料豆別による分類

### 小豆あん

小豆を用いたあんこ全般を小豆あんといいます。あんことなる過程の前に、小豆自体がいろいろな意味合いを持ちます。小豆の赤い色には邪気を払う、無病息災などの魔よけを祈願する風習だけでなく、栄養学的にもポリフェノール類のタンニンやサポニンなど様々な栄養素が含まれています。小豆を甘くして食べる製あん方法は日本独自で発展したものであり、アジア、欧米など世界中に「Anko」、「Sweet red bean paste」として、日本の和菓子とともにあんこの魅力が広まっています。

### 赤あん

小豆以外の雑豆（きんとき豆、ささげ、虎豆など）で作る、赤みのある茶褐色のあんこのことです。あんこの色を出すために食用色素を添加することもあります。

※小豆あんのことを赤あんという場合もあります。

### 白あん

白いんげん豆や大福豆など外皮の白い豆を使った白あん。豆については、国内産では手亡《てぼう》豆、白きんとき、大福豆などが使われ、輸入豆ではベビーライマー、グレートノーザン、ホワイトビーンズなどが使われます。白さを生かし、副材料の色や素材の味を加えて、加工あんなどが作りやすいため、用途が広いあんこです。

## 製造法別の分類

### こしあん

小豆の皮をとり除き、水さらしをしてあん粒子に付着している余分なものや、苦味や渋味を除いて練り上げるあんこ。「御膳《ごぜん》あん」と呼ぶことがあります。また、もうひと手間かけて、煮ている途中で小豆の皮を除く「皮むきあん」もあり、あんこの色は薄い藤紫色で、上品で舌ざわりがよいのが特長です。こしあんは、小豆本来の奥深い味わいを感じつつ、皮がないため上品な舌ざわりでサラッとした口溶けを楽しむあんこです。

### 粒あん

小豆の皮をとり除かずに、加糖して練り上げるあんこ。練り方によって、豆のくずれぐあいが異なるため、粒がやや残っているあんこを「粒あん」、粒残りがほとんどないあんこを「つぶしあん」と区分する場合もあります。

本書での「粒あん」は、「つぶしあん」にあたります。小豆の粒を部分的につぶしているためですが、小豆の粒感を少し残していることと、「粒あん」のほうが通常よく使われている名称のため、これを呼び名としました。ややなめらかな舌ざわりと豆の風味が残り、粒あんより作り方が簡単です。

いずれも、小豆の皮が残っているため、小豆自体の風味やこくなどを感じやすいあんこです。

### 小倉あん

小豆を皮が破れないように甘く煮て、一晩蜜漬けにしたものをこしあんに加えて、豆の粒感を生かしたあんこ。小豆の蜜漬けには、腹切れを起こしにくい大納言小豆を用いることが多いです。

どら焼きや羊羹、きんつばなど、小豆の存在感を味わえる和菓子に使われます。

京都の二尊院には、小倉あんの発祥の地として石碑や発祥由来が残されています。そこには、平安時代に空海が中国から小豆を持ち帰り、和菓子職人の和泉和三郎がその地で小豆の栽培をし、砂糖を用いた甘いあんこを朝廷に献上したことが伝承されています。

また、秋の小倉山における幾重にも重なる紅葉の彩りがまだらに映る様子とあんこからのぞく小豆の粒々が似ていたため、「小倉あん」と呼ばれるようになったという説もあります。名前の由来を知るとますますあんこのおいしさを感じます。

## 加工度別による分類

### 生あん

小豆を煮て、皮と呉を分離し、呉を脱水したあん粒子のことです。砂糖などの調味をしていないため、日持ちがしない。加糖してあんこにしない場合は、冷蔵や冷凍保存にするとよいでしょう。

### 練りあん

生あんに砂糖を加えて練り上げたあんこのことです。「加糖あん」ともいいます。添加する砂糖量によって、あんこの名称が異なります。

### 乾燥あん（さらしあん）

生あんを脱水したあと、乾燥して粉末状にしたもので、手軽にあんこが作れます。

小豆こしあんと白こしあんができます。使い方は、水に浸してあん粒子に吸水させたあと、水さらしをし、脱水して生あんにもどします。生あんにもどしたあとは、通常の製あん工程であんこを作ります。機械で乾燥させているため、ひなた臭さを感じる場合がありますが、充分に水に浸してから水さらしを行なうことで軽減されます。

## 加工材料別の分類

### 最中《もなか》あん

最中の皮にはさむあんこです。割あんに寒天や水あめを加えてあんこから水分が出るのを防ぎ、最中に詰めたときに、最中皮がなるべくパリッとした食感を維持できるようにしたあんこです。

### 練り切りあん

和菓子の上生菓子の練り切りに使うあんこで、白あんにつなぎを入れて、成形しやすく、形状を整えやすくしたものです。つなぎには一般的に「ぎゅうひ」が用いられることが多いです。関西では、つなぎとして小麦粉をあんこに加えて蒸した生地「こなし」が練り切りあんのかわりに用いられます。

## 砂糖の添加割合（糖度別Ｂｒｉｘ）による分類

（41ページ参照）

### 並あん

一般的によく使われる砂糖割合のあんこで、用途が広く、和菓子にも使用されます。生あんに対して60％前後の配糖率で練り上げたあんこで、種類はこしあん、粒あん、小倉あんなどがあります。

### 割あん

並あんより甘いあんこです。職人では「割ききあん」という場合もあります。加える砂糖割合の違いによって、中割《ちゅうわり》あん、上割《じょうわり》あんがあります。砂糖の割合が増えるほど、砂糖の持つ保水性で自由水が減少し、水分活性が低下するため、細菌の増殖をおさえることができます。

中割あんや上割あんは、並あんより砂糖添加量が多いため、色やつや、風味がよく、日持ちがします。焼き菓子や石衣《いしごろも》や打ち物のあんことして干菓子などに使えます。ただし、時間がたつと砂糖の結晶ができやすくなるため、水あめを加えてそれを防ぎます。

作り方は、並あんに砂糖や水あめを加える方法と最初から砂糖や水あめの分量を多く加えて作る方法があります。前者のほうは必要な分量だけ並あんから作るため、むだがなく、汎用性があります。

## あんこの分類

**加工度別**
- 生あん
- 練りあん
- 乾燥あん
- さらしあん など

**製造法別**
- こしあん
- さらしあん
- 皮むきあん
- 粒あん
- 小倉あん など

**原料豆別**
- 小豆あん
- 赤あん
- 白あん
- うぐいすあん など

**加工材料別**※2
- 黄味あん
- 胡麻あん
- 柚あん
- みそあん
- 練り切りあん
- 最中あん など

**糖度(Brix)別**※1

| | | |
|---|---|---|
| 並あん | Brix 55〜58 | |
| 割あん | 中割あん | 59〜64 |
| | 上割あん | 65〜68 |

※1／糖度は和菓子製菓本によって異なる値を示すことがある。
※2／加工あんともいわれる。

# あんこと和菓子の用語集

## 和菓子の分類

和菓子には「生菓子」、「半生菓子」、「干菓子」の分類があり、製法や水分含量の違いで区別されています。

「生菓子」は、比較的水分が多く、おはぎや大福、団子など日持ちのしないものです。

「半生菓子」は、最中や茶通、錦玉羹《きんぎょくかん》、石衣、桃山など数日間、日持ちがするものです。

「干菓子」は水分が少なく、日持ちのするもので、落雁《らくがん》やおこし、ボーロや米菓などの焼き菓子のほか、砂糖漬けなどがあります。

また、生菓子は「上生菓子」と「朝生菓子」に区別され、上生菓子は茶席菓子として、菓銘《かめい》や季節感があります。「主菓子《おもがし》」と呼ばれることもあります。朝生菓子は当日の朝作って、その日のうちに食べないと品質が変わってしまうようなもち菓子や蒸し菓子など手軽な和菓子です。

## あんこの分類

あんこの種類は、砂糖の添加割合によって並あん、割あんがあります。

割あんは並あんより甘く、加える砂糖の割合によって、中割《ちゅうわり》あんや上割《じょうわり》あんがあります。日持ちがよいので焼菓子、半生菓子、干菓子に使われます。

そのほか、和菓子の種類によって割あんに寒天や水あめを加えた最中あん、白あんに求肥《ぎゅうひ》を加えた練り切りあんなどがあります。さらに、加合あんと呼ばれるあんこには、並あんや割あんに卵黄や木の実、みそなどの調味料、芋やとうもろこしやかぼちゃなどを加えた様々なあんこがあります。こしあんは御膳《ごぜん》あんと呼ばれることもあります。

## 【和菓子編】

### 甘納豆

甘く煮た豆類を乾燥させ、砂糖をまぶした和菓子です。

### 外郎《ういろう》

上新粉に砂糖を加えて蒸したもの。棹型でようかんサイズに切ったり、上生菓子の細工生地に使われたりします。また郷土菓子としての外郎は、名古屋、京都、宮崎、小田原、山口などの地域で作られており、原料も米粉だけでなく、小麦粉を加えるもの、わらび粉で作るものもあります。

### おはぎ

春と秋の彼岸で供え物として用意され、春はこしあんの「ぼたもち」、秋は粒あんの「おはぎ」で区別されることが多いです。いずれもその季節に咲く花から由来しています。そのほか、「夜船《よふね》」、「北窓《きたまど》」、「つき知らず」などの別名もあります。

### 柏もち

粽《ちまき》とともに端午の節句に食べられることが多く、上新粉で作った皮でこしあんや粒あん、みそあんなどを包み、柏の葉を巻きます。柏の葉は新芽が出るまで古い葉は落ちないため、子孫繁栄を願ったとか。サンキライや月桃《げっとう》の葉など、日本各地で包む葉が異なります。

柏の葉タイプ

サルトリイバラの葉タイプ

### 黄味時雨《きみしぐれ》

白あんに黄身を加えた黄味あんに上新粉などを加えて蒸したもの。時雨、黄身時雨と書くこともあります。蒸したときに表面に入る亀裂とまろやかな風味が特徴です。

### 求肥《ぎゅうひ》

白玉粉に水を加えて蒸した生地に、砂糖を加えて練ったものです。製法では、蒸し練りやゆで練りのほか、なべ練りなどがあります。大福や練り切りのつなぎになります。

### 錦玉《きんぎょく》

寒天に水を加えて煮溶かし、砂糖を加えてかためたもの。「琥珀《こはく》」とも呼ばれ、透明度が高く、涼しげな見た目のため、夏の菓子で使われます。白あんを混ぜると半錦玉、錦玉を乾燥させると干錦玉、または琥珀糖と呼ばれます。

### きんとん

小さく丸めたあんこ玉のまわりに裏漉ししたそぼろ状の練り切りやようかんなどの生地をまぶしたものです。

### 桜もち

塩漬けの桜の葉を巻いた桜の香りが漂う塩けのある春を彩る代表的な和菓子。あんこを包む皮に種類があり、小麦粉生地を楕円に焼き、クレープのように巻いた関東風と、砂糖蜜に道明寺粉を入れてふっくら炊き上げたり蒸したりした生地で、あんこを包んだ関西風があります。関東風は「長命寺」、関西風は「道明寺」と呼ぶことがあります。

関東タイプ

関西タイプ

### 薯蕷《じょうよ》

つくね芋の別名。すりおろして上用粉と砂糖を混ぜ合わせた生地を皮にした薯蕷まんじゅうなど、つくね芋を使ったお菓子のことです。

蒸し上がるとふっくらとして粘りも感じられ、白さと風味のよさ、粘りのある食感で、練り切りやきんとんなどの名前に見られます。

### 上用羹《じょうようかん》

ようかんのあんこを山芋にかえて作ったもの。山芋は熱いうちに裏漉しし、寒天液と混ぜます。粘りがあり、濃厚な舌ざわりになります。

### 雪平《せっぺい》

求肥生地に卵白と白あんなどを混ぜた生地。弾力があり、歯切れのよい生地のため、鶴や花、柿の形など様々な細工ができます。上生菓子の生地として使われることが多いです。

### 大福

江戸時代に創作されたあんこ入りもち菓子で、ふっくらした姿が鶉《うずら》を思わせるため、「鶉もち」と呼ばれたこともあります。もちに塩ゆでの赤えんどう豆を加えた豆大福、よもぎを使った草大福、最近では果物をあんこで包んだフルーツ大福もあります。

### 団子《だんご》

平安時代の書物『新《しん》猿楽記《さるがくき》』にはすでに「団子」という名称が登場しているほど、歴史のある団子。米やくず米、粟《あわ》やきびなどに水を加えて生地を作り、蒸したり、丸めてゆでたりするなど主食の代用や保存食に重用されていました。

串に刺して食べる団子は室町時代に登場しています。関東では4玉、関西では5玉が主流で、お金の単位や人の体の作りを模したなど、玉数には諸説あります。あん団子は、串団子の上に形よくあんこをのせたものや団子を芯《しん》にしてあんこで包み、丸めて串に刺したもの、刺さないものなど形状は様々です。

### 茶通《ちゃつう》

小麦粉に抹茶を加えた生地であんこを包み、平なべで両面を焼いた和菓子です。「茶の湯の作法に通じる」の由来から茶席菓子として好まれています。

### 道明寺《どうみょうじ》

もち米を蒸して乾燥させて割った道明寺粉を使った和菓子のことです。道明寺粉の名前は、大阪府藤井寺にある道明寺で使われていたことが由来とされています。

### どら焼き

武蔵坊弁慶が戦《いくさ》で負傷し、手当てを受けた際にお礼としてふるまったとか。小麦粉生地を熱した銅鑼《どら》で焼き、あんこをはさんだものです。江戸時代には1枚の皮を折りたたんだものでしたが、大正時代には2枚の皮であんこをはさむタイプになったといわれています。

関西では「三笠焼《みかさやき》」と呼ばれ、奈良の春日山の総称で知られる、なだらかな三笠山に形状が似ていることが名前の由来ともいわれています。

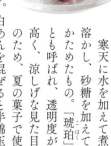

### 練り切り

上生菓子を代表する生地で、白あんをベースにつなぎを加えて作ります。東京で主流の「練り切り」のつなぎは、あんこに求肥または薯蕷《じょうよ》(つくね芋など)を加えて練り上げたもので、やわらかく、発色がよいため、細工しやすい生地です。

一方で、京都で主流の「練り切り」のつなぎは「こなし」と呼ばれる、あんこに小麦粉などを加えて蒸したものて、それをもみ込んで生地にするため、しっかりとした食感になります。

### 水ようかん

寒天液にあんこを加えた水分の多いようかん。口に入れるとすっと溶けるほどにやわらかく、あっさりした甘味で、冷やして食べる夏向きの和菓子です。

### 銘菓

江戸時代に藩主に献上し、「銘」を与えられた和菓子が由来で、その土地の風情などが語れる和菓子のことです。郷土菓子もあります。

## 【材料編】（6ページ参照）

### 凝固剤

和菓子では、主に寒天を用いて練りようかんや水ようかん、錦玉羹、上用羹などを作ります。寒天はてんぐさと呼ばれる海藻を原料とし、棒寒天、糸寒天、粉寒天があります。それぞれ、透明度や強度が異なり、和菓子屋などでは、菓子の用途によって寒天の種類を変えています。

### 米粉

うるち米ともち米から製粉された米粉。でんぷんの組成が異なり、うるち米は粘りが強いアミロペクチンと、粘りが少なく弾力と歯切れがよいアミロースの両方が含まれています。一方で、もち米はアミロペクチンのみです。

うるち米の粉には、上新粉、上用粉などがあり、柏もちや団子、薯蕷まんじゅうなどに使います。

もち米の粉には、白玉粉、道明寺粉、みじん粉などがあります。

### 砂糖

砂糖の原材料は砂糖きびまたは砂糖大根（てんさい）です。白双糖《しろざらとう》やグラニュー糖、上白糖や三温糖、黒糖など、日本では様々な砂糖を用途によって使い分けます。

白双糖やグラニュー糖はショ糖の純度が高く、上品であっさりしているため、あんこや錦玉羹などに使われます。

また、上白糖は結晶が細かいため溶けやすく、転化糖（ブドウ糖と果糖の混合物）が含まれているため、甘味が強く、生地をしっとりと仕上げます。

黒糖は砂糖きびを絞った汁をそのまま煮詰めてかためたものです。その独特な風味を生かして、かりんとうや黒糖まんじゅうなどに使われます。

和三盆糖は日本独自の製法で「研《と》ぎ」と呼ばれる作業を経て精製され、なめらかできめ細かな食感と上品な甘さが特徴です。

### 着色料・食用色素

見た目の美しさや変化をつけることが目的で、色をつけるための材料で、天然着色料と合成着色料があります。練り切りや錦玉羹、打ち物などに着色します。発色がよく色がつきやすいので、酒や水に溶いた色素を直接材料に加えず、ボウルやなべ肌に色素をつけて、少しずつ加えて色を調節しながら着色します。

### 膨張剤

まんじゅうの皮などをふくらませ、体積を増やし、見た目に美しく焼き色をつける際に使います。主に、重曹とベーキングパウダーです。

重曹は、小麦粉を使った焼き菓子では、焼き色を濃くするなどの副次的な効果も得られます。苦味や特有の香りが残ることがあります。

ベーキングパウダーは全体的に均一にふくらみ、色の変化がなく、苦味などを感じないため、汎用性が高いです。粉類に混ぜて使用することが多いです。

## 【製あん・和菓子製作用語編】

### あん粒子

小豆の組織は子葉細胞の集まりからできています。その細胞は、でんぷんとたんぱく質などが細胞膜で内包された構造になっています。「あんこ」を作るためにはこの細胞一つ一つをバラバラに分離した状態でとり出すことが必要で、その分離した細胞をあん粒子と呼びます（26、30ページ参照）。

**浮き**

膨張剤を使った焼き菓子や蒸し菓子の膨張のぐあいのこと。膨張の仕方がよい状態のときは「浮きがよい」といいます。

**含糖率**

練り上がったあんこの重量に対して加えた砂糖の重量割合。

**呉**

豆を煮たものや、それを裏漉ししたものです。水分と混ざった状態のです。

**砂糖蜜**

「手蜜《てみつ》」ともいい、水と砂糖を混ぜて煮詰めたもの。和菓子作りの際、作業がしやすいように手につけて生地の分割や包あんを行ないます。またつやを出したり、乾燥を防いだりすることもできます。

**しとり**

湿りけ。蜜を加えてしっとりさせたり、焼き菓子を1日おいて、皮が適度に水分を含み、やわらかくなった状態をいいます。

**渋きり**

小豆を煮る際に、アク成分が含まれている煮汁を捨てることです。

**シャリ**

砂糖の結晶化（糖化した状態）。じゃりじゃりした食感や表面に砂糖のざらつきが見られることです。

**炊く**

本書では、豆を煮て、砂糖などを加えてあんこにする作業です。

**生あん**

呉を脱水した状態のものです。

**煮る**

本書では、豆と水を合わせて、火にかけて熱を通す作業です。また、砂糖を加えてあんこにすることを「炊く」としています。

**練る（煉る）**

求肥や雪平生地、わらびもちなどのもち生地に砂糖や水あめを加えて加熱しながら練る作業です。

**配糖率**

生あんの重量に対して加えた砂糖の重量割合。

**びっくり水**

小豆を煮る際、煮熟中に水（水温20℃程度）を入れて水温を下げ、豆のしわを伸ばし、中まで加熱しやすくする作業です。

**火取《ど》る**

あんこを火にかけて、水分を飛ばすことを火取るといい、火取ったあんこを「火取りあん」といいます。焼き菓子などで水分の少ないあんこを使う際、並あんを再度加熱して火取りあんにして使います。

**平なべ**

製菓業界では厚めの銅製・鉄製の板のことをいいます。ガスや電気で熱を通し、熱が全体に伝わったらどら焼きや桜もちやきんつばなどの皮を焼きます。

**包《ほう》あん**

生地を分割し、いろいろな中あんを包む作業です。

**ぼかし**

生地を重ねて色をぼかす技法です。練り切りやこなしなど上生菓子で用いることが多い技法です。

**水さらし**

呉に水にを加えて上澄み水を捨てて、アク成分や渋味、苦味などをとり除くことです。

**焼ける**

加熱時間が長かったり、火力の調整が強すぎたりしたため、生地の焼き色が本来の色より濃くなった状態のことです。生地を焼きすぎて、風味や見た目が損なう焦げた状態とは異なります。

**割り**

砂糖の割合や量のことです。

# あんこの栄養

中国では、1世紀前後の記録『神農本草経』より、小豆を薬として使っていたとされるほど、医学が発達していない時代には、小豆を食べることで、病気の回復をはかり、予防できると考えられていました。[※1]

あんこの材料である小豆やささげ、いんげん豆、えんどう豆は炭水化物を多く含む豆です。乾燥豆重量の50%以上がでんぷんを主体とする炭水化物で、20%はたんぱく質となり、脂質は2%しか含まれていません。[※2]

このため、低脂肪で高たんぱく、高エネルギー食品といわれています。さらにエネルギー代謝に必要なビタミン$B_1$、$B_2$、$B_6$などのビタミンB群が含まれています。糖質の多い食品を摂取したときにビタミン$B_1$の需要が高まるため、和菓子にあんこは栄養学的に意味があるのかもしれませんね。

そのほか小豆は、生体組織の構成や生理機能の維持や調節に必要なカルシウム、リン、カリウム、マグネシウム、鉄、亜鉛などのミネラル類をバランスよく含んでいます。

小豆に含まれる機能性成分には、食物繊維、サポニン、ポリフェノール類などがあります。[※3]

食物繊維は、消化・吸収されない、あるいはされにくい難消化成分ですが、健康維持、増進に不可欠な成分です。食物繊維には2種類あり、1つは、水に溶けず、腸では蠕動運動を活発化させる不溶性食物繊維です。もう1つは、体内の水分を吸収して、食べ物のかたまりに粘性を与えて、消化速度を緩慢にすることで食後血糖値の上昇を抑制する水溶性食物繊維です。

あんこも食物繊維が多く、特にこしあんより粒あんのほうが多くなります。さらに興味深いことにゆでた豆は、食物繊維総量が乾燥豆よりも大幅に増大する性質があります。

豆類に多く含まれる炭水化物（でんぷん）の一部が、ゆでる過程で難消化性でんぷん（レジスタントスターチ）に変化するためといわれています。

あんこにすると、レジスタントスターチが増え、食物繊維が多く摂取できるため、腸にやさしい影響を与えてくれます。[※4]

次にポリフェノール類について。小豆やきんとき豆など色の濃い種皮を持つ豆のほうが抗酸化作用は高く、その中でもカテキンやルチン、タンニンなどは中国産より北海道産のほうが含有量が多いことも報告されています。小豆や煮汁に含まれるポリフェノールは、血糖値やコレステロールなどの上昇抑制効果がみられた研究もあり、今後、製あんの副産物で捨てられていた小豆の皮や煮汁もより積極的に再利用する機会が増えそうです。

小豆やいんげん豆を煮ると煮汁に泡が出てきます。泡はサポニンと呼ばれる成分で、奈良時代から、小豆粉に水を加えて混ぜたものを洗剤の代わりに使っていました。「澡豆（そうすい、そうとう）」と呼ばれ、江戸時代には「しゃぼん」となり、「しゃぼん玉」の由来となっています。[※5] サポニンは渋味や苦味のもととなり、水溶性のため、煮汁に溶け出ます。製あんにおいては、渋切りや水さらしでサポニンを除去し、小豆のおいしさを引き立たせています。

赤い色として赤・青・紫を発色するアントシアニンや白いんげん豆などの色として、白や黄色を発色するフラボンが含まれていることは知られています。

そして、近ごろの研究から赤い小豆が持つ新しい色素成分「カテキノピラノシアニジンA，B」が発見されました。これは脂溶性の紫系色素で、加熱しても色が変化せず、糖を含んだ液体に若干溶ける性質があるといわれています。小豆を加熱することで色素とあん粒子が結合し、様々な色が融合されてあんこに定着すると考えられています。今後、この色素の新たな特徴や機能性などが見出されていくことを願っています。

あんこの美しい藤紫色の由縁《ゆえん》が細胞レベルで作られていると思うと、新たな魅力を感じます。[※6]

※1／加藤淳「日本人の心と体を支えるもの小豆の力」（株）キクロス出版（2015）
※2／香川明夫「八訂 食品成分表2024」女子栄養大学出版部（2024）
※3／芝崎本実「つくる、食べる、もてなす あんこのことがすべてわかる本」誠文堂新光社（2016）
※4／加藤涼「豆類の種類と栄養性・機能成分」豆類時報（2007）
※5／公益財団法人日本豆類協会「新豆類百科」(2015)
※6／Differences in the content of purple pigments, catechinopyranocyanidins A and B, in various adzuki beans, Vigna angularis  Kumi Yoshida, Yoko Takayama, Tomoyo Asano, Kohei Kazuma Bioscience, Biotechnology, and Biochemistry 87 (5) 525-531 (2013)

# 掲載あんこと和菓子の索引と栄養価一覧

・「日本食品標準成分表（八訂）増補2023年」に基づき計算しました。
・「たんぱく質」は、「アミノ酸組成によるたんぱく質」、そのデータがないものは「たんぱく質」のデータを用いて算出しました。
・「脂質」は「脂肪酸のトリアシルグリセロール当量」、そのデータがないものは「脂質」のデータを用いて算出しました。
・「利用可能炭水化物」は、「利用可能炭水化物（質量計）」あるいは「差引き法による利用可能炭水化物」のデータを用いて算出しました。

| ページ数 | | 料理名 | | エネルギー (kcal) | たんぱく質 (g) | 脂質 (g) | 利用可能炭水化物 (g) | 食物繊維総量 (g) | 食塩相当量 (g) |
|---|---|---|---|---|---|---|---|---|---|
| 48 | 究極のあんこ | 究極のこしあん | 全量(約400g) | 1003 | 23.8 | 0.8 | 215.9 | 19.0 | 0 |
| 50 | 究極のあんこ | 究極の粒あん | 全量(約480g) | 1106 | 26.7 | 1.2 | 228.3 | 37.2 | 0 |
| 52 | 究極のあんこ | 簡単粒あん | 全量(約480g) | 1106 | 26.7 | 1.2 | 228.3 | 37.2 | 0 |
| 54 | 究極のあんこ | 小倉あん | 全量(約300g) | 997 | 17.8 | 0.7 | 222.0 | 17.8 | 0 |
| 56 | 究極のあんこ | 白あん(こしあん) | 全量(約280g) | 888 | 16.3 | 1.1 | 195.8 | 18.7 | 0 |
| 58 | 究極のあんこ | うぐいすあん(こしあん) | 全量(約330g) | 1056 | 26.7 | 2.3 | 221.6 | 26.1 | 1.0 |
| 60 | 究極のあんこ | 黄味あん | 全量(約300g) | 842 | 15.6 | 8.5 | 170.8 | 13.4 | 0 |
| 61 | 究極のあんこ | 砂糖控えめの粒あん | 全量(約420g) | 752 | 26.7 | 1.2 | 138.4 | 37.2 | 0 |
| 64 | アレンジあんこ | ずんだあん | 全量(約200g) | 513 | 15.6 | 6.2 | 94.1 | 11.3 | 0.5 |
| 64 | アレンジあんこ | 白みそあん | 全量(約260g) | 826 | 16.4 | 2.4 | 178.2 | 16.4 | 3.4 |
| 65 | アレンジあんこ | とうもろこしあん | 全量(約180g) | 529 | 9.9 | 2.3 | 112.1 | 11.2 | 0.3 |
| 65 | アレンジあんこ | くるみあん | 全量(約220g) | 1355 | 23.7 | 64.2 | 162.2 | 20.1 | 0 |
| 66 | アレンジあんこ | 芋あん(黄) | 全量(約210g) | 702 | 7.3 | 0.5 | 162.2 | 10.0 | 0 |
| 66 | アレンジあんこ | 芋あん(紫) | 全量(約220g) | 776 | 7.2 | 0.5 | 180.8 | 10.4 | 0.2 |
| 66 | アレンジあんこ | 栗あん | 全量(約240g) | 758 | 12.2 | 0.9 | 169.6 | 14.5 | 0 |
| 67 | アレンジあんこ | りんごあん | 全量(約240g) | 775 | 11.8 | 0.8 | 173.3 | 15.5 | 0 |
| 67 | アレンジあんこ | 柚あん | 全量(約200g) | 681 | 11.9 | 0.9 | 151.4 | 14.7 | 0 |
| 68 | アレンジあんこ | ラムレーズンあん | 全量(約220g) | 642 | 12.4 | 0.4 | 127.0 | 10.5 | 0 |
| 68 | アレンジあんこ | 柿あんずあん | 全量(約240g) | 759 | 12.8 | 0.9 | 167.7 | 16.9 | 0 |
| 69 | アレンジあんこ | チョコレートあん | 全量(約250g) | 1086 | 15.2 | 32.6 | 173.8 | 15.5 | 0.1 |
| 69 | アレンジあんこ | ミルクあん | 全量(約220g) | 739 | 12.7 | 8.2 | 148.4 | 13.4 | 0 |
| 70 | アレンジあんこ | 桜あん | 全量(約200g) | 716 | 11.7 | 0.8 | 160.1 | 13.5 | 0.4 |
| 70 | アレンジあんこ | 抹茶あん | 全量(約210g) | 742 | 12.6 | 0.9 | 165.2 | 14.9 | 0 |
| 70 | アレンジあんこ | 大島あん(黒糖あん) | 全量(約210g) | 677 | 12.3 | 0.4 | 152.4 | 9.5 | 0.1 |
| 71 | アレンジあんこ | きな粉あん | 全量(約220g) | 827 | 20.3 | 6.7 | 164.5 | 17.2 | 0 |
| 71 | アレンジあんこ | 青のりあん | 全量(約200g) | 636 | 11.8 | 0.8 | 140.0 | 13.6 | 0.6 |
| 71 | アレンジあんこ | 胡麻あん(黒・白) | 全量(約240g) | 878 | 19.2 | 23.3 | 141.5 | 14.0 | 0 |
| 74 | 春 | 菜の花しぐれ | 1個分 | 100 | 2.1 | 0.7 | 20.5 | 1.9 | 0 |
| 75 | 春 | 桜あんの薫りまんじゅう | 1個分 | 94 | 1.4 | 0.1 | 21.3 | 1.2 | 0.7 |
| 76 | 春 | 酒まんじゅう | 1個分 | 110 | 2.1 | 0.2 | 23.8 | 1.7 | 0 |
| 77 | 春 | 茶通 | 1個分 | 64 | 1.4 | 0.3 | 13.1 | 1.4 | 0 |
| 78 | 春 | 桜もち(関東タイプ) | 1個分 | 103 | 2.1 | 0.3 | 22.2 | 1.4 | 0.1 |
| 79 | 春 | 桜もち(関西タイプ) | 1個分 | 109 | 1.7 | 0.1 | 24.7 | 0.8 | 0.1 |
| 80 | 春 | 柏もち | 1個分 | 136 | 2.5 | 0.2 | 29.8 | 1.1 | 0 |
| 82 | 夏 | 紫陽花 | 1個分 | 144 | 0.9 | 0.1 | 34.5 | 1.6 | 0 |
| 83 | 夏 | 青楓羹 | 1個分 | 60 | 0.9 | 0.1 | 13.6 | 1.0 | 0.1 |
| 84 | 夏 | 水ようかん | 1切れ分 | 63 | 1.2 | 0 | 13.7 | 1.3 | 0 |
| 85 | 夏 | アイス虎焼き | 1個分 | 243 | 3.8 | 6.7 | 41.1 | 1.1 | 0.1 |
| 86 | 夏 | 小豆アイス | 1個分 | 201 | 4.6 | 6.9 | 27.4 | 3.9 | 0.1 |
| 86 | 夏 | 冷やししるこ | 1人分 | 211 | 3.6 | 0.2 | 47.0 | 2.6 | 0 |
| 87 | 秋 | 里柿 | 1個分 | 157 | 1.7 | 0.2 | 36.4 | 1.5 | 0 |
| 88 | 秋 | 栗の里山 | 1個分 | 157 | 2.5 | 1.2 | 33.3 | 1.8 | 0 |
| 89 | 秋 | 栗の郷 | 1個分 | 213 | 2.6 | 0.3 | 48.9 | 2.4 | 0 |
| 89 | 秋 | きのこ狩り | 1個分 | 193 | 2.3 | 0.2 | 44.9 | 2.0 | 0 |
| 90 | 秋 | 秋芋きんとん(黄) | 1個分 | 210 | 2.2 | 0.3 | 48.2 | 2.9 | 0 |
| 90 | 秋 | 秋芋きんとん(紫) | 1個分 | 219 | 2.0 | 0.2 | 51.2 | 2.8 | 0 |
| 91 | 秋 | おはぎ(こしあんおはぎ) | 1個分 | 94 | 2.0 | 0.1 | 20.6 | 1.2 | 0 |
| 91 | 秋 | おはぎ(きな粉おはぎ) | 1個分 | 81 | 2.1 | 0.6 | 16.5 | 0.8 | 0.1 |
| 92 | 秋 | 秋の五穀団子 | 1本分 | 92 | 2.5 | 2.2 | 14.7 | 1.5 | 0 |
| 93 | 秋 | 小倉山かのこ | 1個分 | 218 | 2.5 | 0.1 | 50.1 | 4.3 | 0 |
| 94 | 冬 | 枯露柿 | 1個分 | 120 | 1.5 | 0.1 | 27.1 | 2.5 | 0 |
| 95 | 冬 | 柚ミルクまんじゅう | 1個分 | 158 | 3.2 | 1.6 | 31.7 | 2.1 | 0 |
| 96 | 冬 | かるかんまんじゅう | 1個分 | 146 | 2.0 | 0.1 | 33.6 | 0.8 | 0 |
| 97 | 冬 | 白あんのブランデーケーキ | 1本分 | 2835 | 32.6 | 90.1 | 428.3 | 21.6 | 0.5 |
| 98 | 冬 | 中華粒あんの三色白玉団子 | 1人分 | 191 | 2.7 | 3.3 | 36.4 | 1.8 | 0 |
| 99 | 冬 | ラムレーズンあんの焼きしぐれ | 1個分 | 206 | 2.9 | 7.3 | 29.6 | 1.5 | 0 |

# 6章

## 芝崎本実さんおすすめの
# 全国のあんこの銘菓

全国には、あんこの味わい方がそれぞれあり、
様々な特徴を持つあんこのお菓子がたくさんあります。
その中で、各地方で昔ながらの伝統や製法を守り、
地元の人々に長年愛されているあんこ菓子や、
和菓子屋のオリジナリティのあるあんこ菓子を紹介します。
職人のこだわりや技、思いを感じられるお菓子ばかりです。

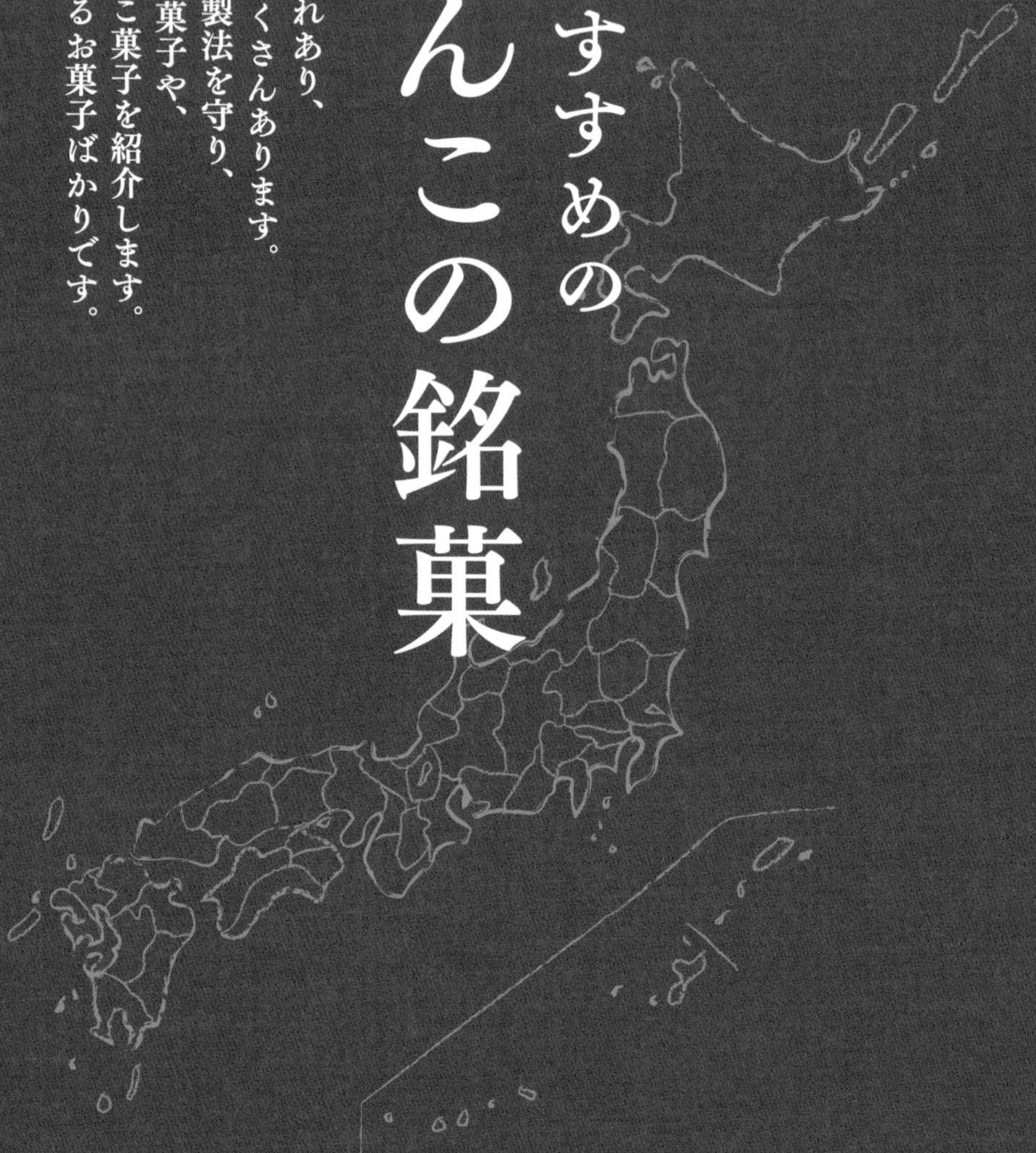

小豆の風味がよく、
こしあんの色が美しいようかん

## 元祖三石羊羹（がんそみついしようかん）

価格（税込） 丸筒大100g 302円

北海道十勝めむろ産小豆をじっくりと煮上げたこしあんに、砂糖と寒天を加え時間をかけて煉《ね》り上げたようかんです。煉りようかんなのに舌ざわりがとてもなめらかで口溶けがよいことに驚きます。

**都風堂 八木菓子舗**
北海道日高郡新ひだか町三石本町35
営業時間 8:00〜19:00　定休日 元日
電話番号 0146-33-2538
HP・通販サイト
https://gansomitsuishiyokan.com/

練りようかんに薄荷《はっか》が
入った珍しいあんこ菓子

## 薄荷羊羹（はっかようかん）

価格（税込） 1本 756円

北海道北見産の薄荷の香りが、小豆の上品な甘さを引き立たせ、清涼感を感じる練りようかんです。甘さと同時にさわやかな香りを楽しめます。冷たい緑茶と合わせていただきたいですね。

**清月**
（一番街本店） 北海道北見市北1条西1丁目
営業時間 9:30〜18:00　定休日 年中無休
電話番号 0157-23-3590
HP https://www.seigetsu.co.jp/
通販サイト https://seigetsu.shop-pro.jp/
HP
通販サイト

ゆり根を使った
めずらしいこしあんが上品

## ゆり最中（ゆりもなか）

価格（税込） 1個 205円

北海道乙部町は食用ゆり根の生産地。高級食材の「ゆり根」だけを使ったこしあんを最中《もなか》にした珍しい和菓子。ゆり根あんはくせがなく深い味わいで、舌ざわりがなめらかで上品な甘さです。

**ゆり最中本舗 富貴堂**
北海道爾志郡乙部町字緑町131
営業時間 8:00〜19:00
定休日 日曜日・年末年始
電話番号 0139-62-2024

こしあんを半月の形に包んだ
どら焼き似のお菓子

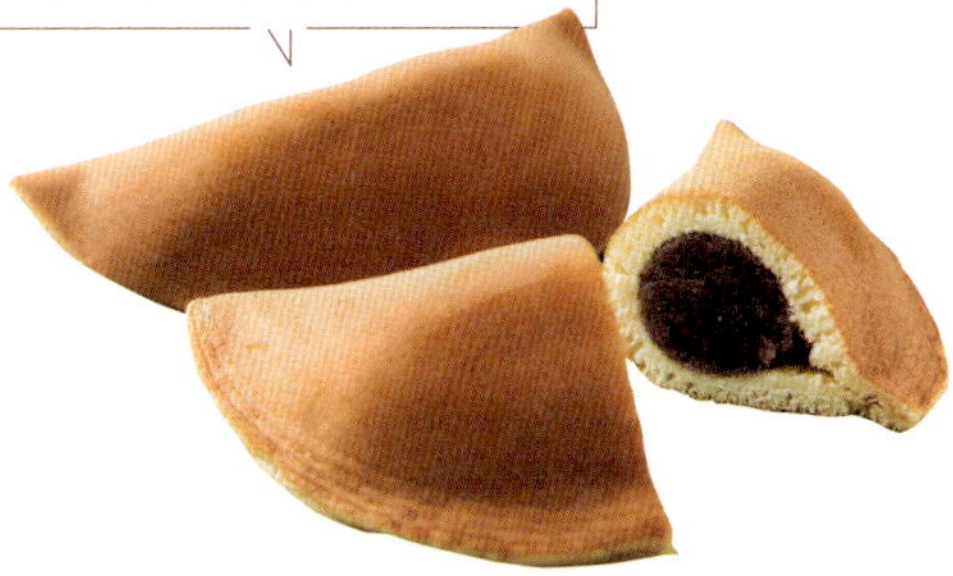

## 中花饅頭（ちゅうかまんじゅう）

価格（税込） 1個 280円

中花種と呼ばれるどら焼き風の皮は、大きくて重厚感があってしっとり。中に甘い小豆こしあんがぎっしり入っています。北海道では冠婚葬祭の供え物や、お茶菓子としてポピュラーな郷土菓子。

**千秋庵総本家**
（宝来町本店） 北海道函館市宝来町9-9
営業時間 9:30〜18:00　定休日 水曜日
電話番号 0138-23-5131
HP https://sensyuansohonke.co.jp/
通販サイト https://sensyuan.official.ec/
※中花饅頭の地方発送のとり扱いなし
HP
通販サイト

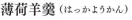

災難に二度と「アワ」ないという
縁起のよい名前

## あわまんじゅう

価格(税込)10個入り 1300円

200年ほど前に御護符として福満虚空蔵尊に奉納したのが始まりとされます。粟《あわ》ともち米を蒸した黄色い粒感のあるもっちりしたまんじゅう生地と舌ざわりのよいなめらかなこしあんが味わえます。

**小池菓子舗**

福島県河沼郡柳津町柳津字岩坂町甲206
営業時間 平日8:30〜18:00 土曜日・日曜日・祝日8:00〜18:00 定休日 年中無休
電話番号 0120-090-976
HP https://koike-manjyu.com/

ほろっと口の中でくずれる
やわらかさ

## もろこしあん

価格(税込)2個8包入り 775円

中国から伝わった秋田県の郷土菓子。本来は、小豆の粉を型打ちしてから乾燥させた打ち菓子ですが、乾燥させず、生のまま粒あんをはさんだもの。口溶けが軽く、煎った小豆の風味が楽しめます。

**唐土庵**

(角館駅前店)秋田県仙北市角館町上菅沢402-3
営業時間 9:00〜18:00 定休日 年中無休
電話番号 0120-17-6654
HP https://www.morokosian.jp/
通販サイト https://morokosian.myshopify.com/

HP
通販サイト

約400年の歴史を持つ老舗の
歴史ある求肥《ぎゅうひ》大福

## 千歳(ちとせ)

価格(税込)4個入り 900円

濃厚な甘さのこしあんと米あめを使ったあめ炊きのコシのある求肥生地はサイズがやや小さくても食べごたえがあります。生地のまわりに和三盆糖をまぶし、色は紅白の2種類があります。

**森八**

石川県金沢市大手町10-15
営業時間 9:00〜18:00 定休日 1月1日・2日
電話番号 076-262-6251
HP https://www.morihachi.co.jp/
通販サイト https://morihachi-shop.com/

HP
通販サイト

羽二重もちと粒あんと
カステラを同時に楽しめる

## 羽二重やき(はぶたえやき)

価格(税込)5個入り 1200円

福井県の名産品の絹の羽二重織物から、絹のようななめらかな質感を表現した羽二重もちが生まれました。やわらかなカステラ生地に羽二重もちと粒あんをはさんだお菓子で食べごたえがあります。

**錦梅堂**

福井県福井市順化1-7-7
営業時間 8:00〜18:00 定休日 不定休
電話番号 0776-24-0383
購入できるサイト
https://www.hokurikumeihin.com/kinbaidou/

たぬきや太鼓などの
愛らしい形で見た目も楽しい

## 人形焼（にんぎょうやき）

価格（税込） たぬき16個入り 2960円ほか

北海道産の小豆とざらめを使い、水にもこだわって炊き上げたこしあんはとても美しい藤紫色。サラッととした舌ざわりと瑞々しさ、ほどよい甘さです。しっとりやわらかいカステラ生地と好相性。

**山田家**
東京都墨田区江東橋3-8-11
**営業時間** 10:00〜18:00　**定休日** 水曜日・元日
**電話番号** 03-3634-5599
HP https://www.yamada8.com/
購入できるサイト
https://www.hattoriyose.com/product_page/20

HP
購入サイト

---

北海道産小豆の上品なあんこの
薯《じょう》蕷《よ》まんじゅう

## 十万石まんじゅう（じゅうまんごくまんじゅう）

価格（税込） 1個 151円

北海道十勝産の大粒小豆に大粒ざらめですっきりくせのない甘さのあんこ。生地には新潟県産のひきたての上新粉と厳選国産のつくね芋を使い、もちっとした生地に藤紫色のこしあんが映えます。

**十万石ふくさや**
（十万石行田本店） 埼玉県行田市行田20-15
**営業時間** 9:00〜18:00　**定休日** 年中無休
**電話番号** 048-556-1285
HP・通販サイト
https://www.jumangoku.co.jp

---

見た目も味も職人技の
すばらしさを感じるどら焼き

## 虎家㐂（とらやき）

価格（税込） 6個入り 2280円

薄紙をはがすと皮に虎模様が浮かび、ふっくらした皮から大粒の小豆がこぼれ落ちそうになります。4日間かけて炊き上げたあんはゴロゴロと粒感があり、上品な甘さと小豆の香りを楽しめます。

**玉英堂**
東京都中央区日本橋人形町2-3-2玉英堂ビル1F
**営業時間** 平日 9:00〜20:00
土曜日 9:00〜18:00　日曜日・祝日9:30〜17:00
**定休日** 不定休
**電話番号** 03-3666-2625
HP・通販サイト https://gyokueidou.com/

---

1玉ずつあんこで包んだ
3玉1串の団子

## 茂助だんご（もすけだんご）

価格（税込） 粒あん・こしあん 各1串210円

明治時代に日本橋魚市場で創業の老舗。福島県産のコシヒカリを自家製粉した団子はコシがあり、米の甘味を感じます。あんこはすっきりした甘さの鬼ざら糖を使い、上品な小豆の香りがします。

**茂助だんご**
（豊洲市場本店） 東京都江東区豊洲6-6-1
管理施設棟302
**営業時間** 6:00〜15:00　**定休日** 水曜日・日曜日
**電話番号** 03-6633-0873
HP https://www.mosukedango.com/home/
通販サイト https://mosukedango.co.jp/

HP
通販サイト

毎年栗の季節だけの期間限定品。
栗そのものを食べているよう

## 栗きんとん（くりきんとん）（9月～翌年1月限定）

価格（税込） 6個入り 1890円

厳選された栗と砂糖だけで炊き上げた栗あんは、素朴な味わいの中にやさしい自然の恵みを感じます。一粒一粒愛らしい栗の形になっていて、秋の味覚を存分に楽しめる和菓子です。

**栗きんとん すや**
岐阜県中津川市新町2-40
営業時間 9:00～19:00
定休日 水曜日（9～12月は無休）
電話番号 0120-020-780
HP・通販サイト https://www.suya-honke.co.jp/

あんこを包むのは
こんぶ入りの真っ黒いようかん

## 黒大奴（くろやっこ）

価格（税込） 15個入り 1350円

島田市のお祭りに登場する大奴にちなんだ明治時代に創製された銘菓。こんぶを練り込んだなめらかで黒くつややかなようかんで上品なこしあんをコーティングしたあんこ玉のような和菓子です。

**清水屋**
静岡県島田市本通2-5-5
営業時間 8:30～18:30 （水曜日・日曜日は8:30～18:00） 定休日 年中無休
電話番号 0547-37-2542
HP・通販サイト https://www.komanjyuu.jp/

蒸しようかんとは思えないほど
のなめらかさ

## 上り羊羹（あがりようかん）

価格（税込） 1本 2700円

口に入れたと同時に溶けるような舌ざわりと小豆の香り。これは本当に蒸しようかんなの？と思ってしまうほどなめらかな食感です。上品すぎる甘さと食感、濃紫が美しい極上ようかんです。

**美濃忠**
愛知県名古屋市中区丸の内1-5-31
営業時間 9:00～18:00 定休日 元日
電話番号 052-231-3904
HP https://minochu.jp/
通販サイト https://www.minochushop.co.jp/

HP

通販サイト

こしあん入りの麩《ふ》まんじゅうで
冷やすと美味

## 餡麩三喜羅（あんぷさんきら）

価格（税込） 1個 195円

サンキライの葉に包まれた麩まんじゅうは小麦粉のグルテンを生かした、もちもちの弾力がありながらつるっとなめらか生地です。包まれているこしあんは、上品な甘味と美しい小豆色。

**大口屋**
（布袋本店） 愛知県江南市布袋町中67
営業時間 8:30～18:00 定休日 元日
電話番号 0120-00-9781
HP・通販サイト
https://www.ooguchiya.co.jp/

## 食べた瞬間、存在を忘れるほどの口溶け感

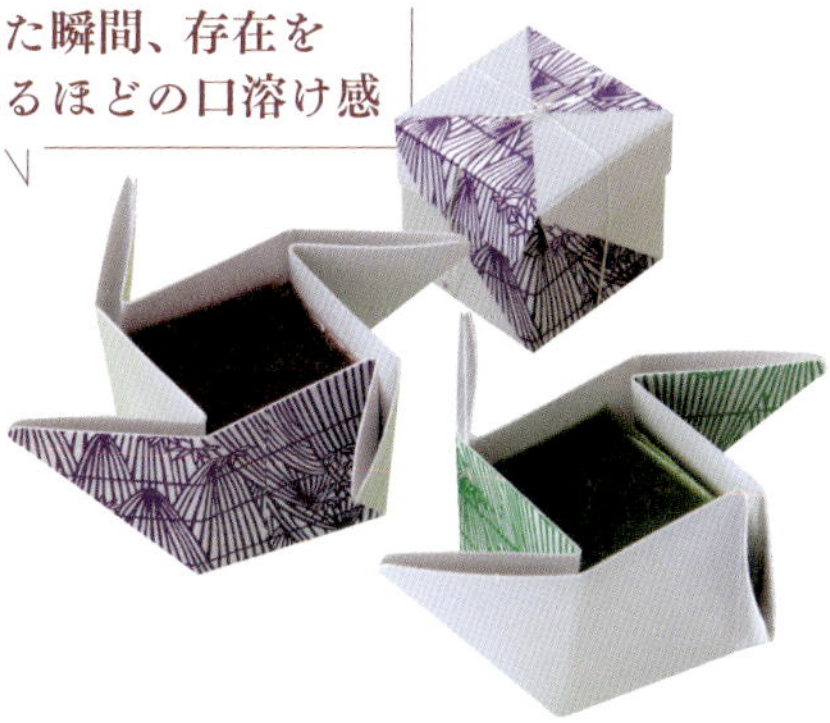

### 生水ようかん（5月～9月限定）（なまみずようかん）

価格（税込）1個 400円

かわいらしい折箱の中に四角くかためられた水ようかんは、瑞々しく口に入れると甘さもサラッと消え、残るのは小豆の豊かな香り。小豆と抹茶の２種類があり、美しい色合いに魅了されます。

**風土菓 桃林堂**

（陌草園店）大阪府八尾市山本町南8-19-1
営業時間 9:00～17:00
定休日 1月1日・2日

電話番号 072-923-0003
HP・通販サイト https://www.tourindou100.jp/

## 銘菓が多い京都で素朴でほっこりお手ごろ価格

### ロンドン焼（ろんどんやき）

価格（税込）1個 70円

直径5㎝ほどのかわいいカステラまんじゅう。しっとりとしたカステラ生地に甘さ控えめの白あん入り。型に生地を流し、あんこを入れて両面を焼きます。第１または第２木曜日に抹茶生地も登場。

**ロンドンヤ**

京都府京都市中京区新京極通四条上ル中之町565
営業時間 9:30～20:30　定休日 年中無休

電話番号 075-221-3248
HP https://londonya-kyoto.com/
購入できるサイト https://kyomono-sampo.jp/select-rondonya/item_all.php/

HP
購入サイト

## お殿様の婚礼から生まれた椿《つばき》を模したお菓子

### 玉椿（たまつばき）

価格（税込）5個入り 842円

和菓子職人になりたてのころ、このお菓子の黄味あんのまろやかな甘味と香り豊かな風味に魅了され、「上品なあんこ」とはなにかを学びました。黄味あんのベースは白小豆を使った白あんです。

**伊勢屋本店**

兵庫県姫路市西二階町84
営業時間 平日 9:00～18:00
定休日 元日

電話番号 079-288-5155
HP https://iseyahonten.com/
通販サイト https://shop.iseyahonten.com/

HP
通販サイト

## 皮もあんこも主張して、印象強い味わい

### どら焼き（つぶあん）（どらやき つぶあん）

価格（税込）5個入り 2052円

老舗和菓子店で食べたこのどら焼きが衝撃のおいしさでした。皮がふんわりしっとりとして美しい焼き色。小豆粒がゴロゴロ入ったつやつやのあんこが食べごたえのある甘さで小豆感を楽しめます。

**浪芳庵**

（本店）大阪府大阪市浪速区敷津東1-7-31
営業時間 平日11:00～17:00
土曜日・日曜日・祝日11:00～17:30
定休日 不定休

電話番号 06-6641-5886
HP・通販サイト https://namiyoshian.jp/

### 小豆の風味とやさしい甘さの瑞々しいういろう菓子

## 簾子豆子郎（れんじとうしろう）

価格（税込）3袋6本ケース入り 1252円

山口ういろうの歴史は600年ほど。大納言小豆のあんこにわらび粉を加えて加熱し、練り上げたものです。瑞々しくてのど越しもよく、小豆の粒入りで、小豆の風味とやさしい甘さが特徴です。

**豆子郎**

（総本店 茶藏庵）山口県山口市大内御堀1-1-3
営業時間 7:00～19:00　定休日 年中無休

電話番号 083-925-2882
HP https://toushirou.info/
通販サイト https://toushirou.shop/

HP
通販サイト

### 見た目がごつごつと木の幹を模した創作和菓子

## むろの木（むろのき）

価格（税込） 1本 1458円

洋酒漬けのレーズンや栗、オレンジピールなどを混ぜたリッチな洋風あんこに、アーモンドプードルや麦こがし、ごまなどを混ぜた生地をまぶして焼いています。菓子名は歌人大伴旅人の歌が由来。

**三河屋**

広島県福山市沖野上町4-15-27
営業時間 8:30～18:00
定休日 年中無休

電話番号 084-923-4890
HP https://www.mikawaya-fukuyama.jp/

### 素朴な甘さのあんこをわらびもちで包んだ銘菓

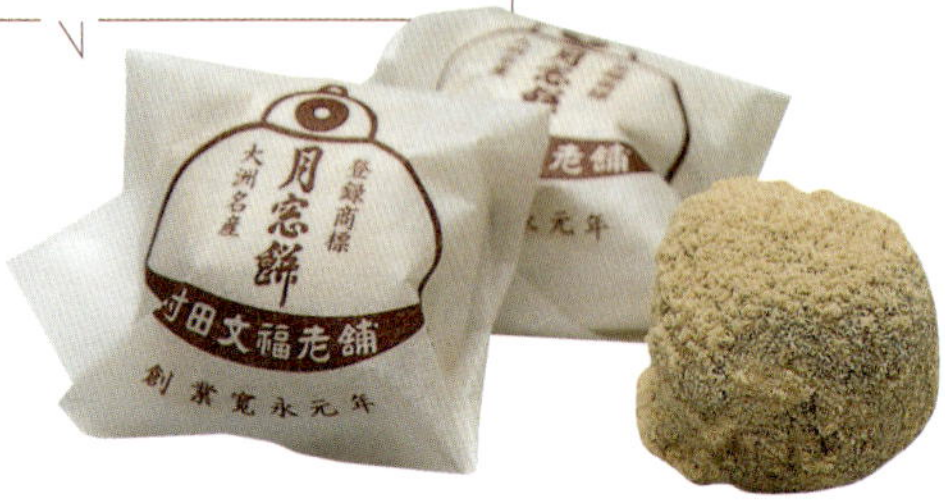


## 月窓餅（げっそうもち）

価格（税込）2個入り1パック 270円

創業400年来、変わらない製法で、全材料が国産というこだわり。わらびもちは瑞々しくねっとりとした食感で、素朴な甘さのあんこと青大豆の香ばしさも調和しています。冷やしてもいいですね。

**村田文福老舗**

愛媛大洲市大洲183
営業時間 9:00～17:00　定休日 元日

電話番号 0893-24-2359
紹介サイト https://www.city.ozu.ehime.jp/site/kanko/20887.html/
購入できるサイト https://www.oozutokusan.com/shopbrand/002/002/X/

紹介サイト
購入サイト

### 400年の歴史を持ち、焼きもちとこしあんが絶妙

## 滝の焼餅（たきのやきもち）

価格（税込）白12個入り 1390円

北海道産小豆を地元の銘水「錦竜水」で炊いた紫色で美しく、アクが少ない上品な甘さのこしあん。表面を焼きつけた菊形の焼きもちの香ばしさとカリッとした食感とが絶妙なバランスです。

**和田の屋**

徳島県徳島市眉山町大滝山5-5
営業時間 10:00～17:00　定休日 木曜日

電話番号 088-652-8414
HP https://wadanoya.com/

## 松露の形で、カステラ生地に こしあんがたっぷり

### 松露饅頭 (しょうろまんじゅう)
価格(税込) 10個入り 1188円

創業170年以上変わらない手焼き製法。カステラ生地：あんが1：9くらいなのであんこそのものを食べている感覚です。時間がたつと生地とあんこがなじんでしっとり。一口サイズの愛らしい形。

**大原老舗**
(唐津本店) 佐賀県唐津市本町1513-17
営業時間 9:00～19:00
定休日 元日
電話番号 0955-73-3181
HP・通販サイト https://oohara.co.jp/

## 黄味あんがまろやかでしっとり 洋菓子風の和菓子

### 伊万里焼饅頭 (いまりやきまんじゅう)
価格(税込) 1個 160円

表面のひび割れは、伊万里焼きを模したものです。カステラ生地で包んで焼いた黄味あんがまろやかで、甘くてほっくりとしてカステラ生地ととてもよく合います。形がかわいらしいですね。

**エトワール・ホリエ**
佐賀県伊万里市伊万里町甲585
営業時間 9:00～19:00
定休日 元日
電話番号 0955-23-1515
HP・通販サイト https://etoile-horie.com/

## 地元で「殿様菓子」と呼ばれ、江戸時代から続くお菓子

### 軽羹饅頭 (かるかんまんじゅう)
価格(税込) 1個 195円

自然薯と米粉、砂糖で作られたかるかん生地にあんこを入れて蒸したもの。ふわっとした軽い食感から口の中で弾力や粘りに変化し、しっとりしたこしあんが加わって味の変化に富むお菓子です。

**明石屋**
(本店) 鹿児島県鹿児島市金生町4-16（山形屋北筋）
営業時間 9:00～18:00
定休日 年中無休
電話番号 099-226-0431
HP・通販サイト https://www.akashiya.co.jp/

## 勇ましいりりしさをこめた 縁起のよい熊本銘菓

### 誉の陣太鼓 (ほまれのじんだいこ)
価格(税込) 8個入り 1782円

粒あんの練りようかんの中にやわらかい求肥が入っています。包装紙の上から紙製のナイフで切って食べます。北海道産大納言小豆の粒感があり、甘さもほどよく、瑞々しい舌ざわりです。

**お菓子の香梅**
(白山本店) 熊本県熊本市中央区白山1-6-31
営業時間 9:00～19:00
定休日 年中無休
電話番号 096-371-5081
HP・通販サイト https://kobai.jp/

芝崎本実（しばさきもとみ）

十文字学園女子大学人間生活学部食物栄養学科講師。女子栄養大学大学院修士課程修了。帝京平成大学大学院博士課程修了。香川栄養専門学校（現：香川調理製菓専門学校）製菓科を卒業し、和菓子職人としての経験を持つ。現在は大学教員として調理科学分野を専門とし、郷土菓子を含む和菓子などの研究を行なっている。和菓子の歴史やレシピなどを掲載した著書も執筆。テレビ番組やラジオなどにも出演。和菓子のよさを伝える「おだんご先生」としても活躍中。好きな食べ物はおだんご。趣味はおまんじゅうを包むこと。全国のおだんご情報を掲載する「おだんご日和」も主宰している。


おだんご日和

https://odango.jp

官能評価監修／松本仲子（女子栄養大学名誉教授）
実験分析協力／廣木奈津（聖徳大学人間栄養学部准教授）
実験・調理協力／遠藤可央里・髙橋百世
（十文字学園女子大学人間生活学部食物栄養学科）

十文字学園女子大学
https://www.jumonji-u.ac.jp/

撮影／原ヒデトシ
日置武晴（75、77、89、90、91、94、98、99ページ）
寺岡みゆき（74、76、82の調理工程、85、87、88、96、97ページ）
企画・デザイン・イラスト／中山詳子（松本中山事務所）
企画・構成・編集／田浦真実
栄養計算 ／八田真奈
校閲 ／くすのき舎

材料協力／株式会社木下製餡
1931年創業さいたまのあんこ屋
〒330-0854 埼玉県さいたま市大宮区桜木町4 -431- 1
電話 048-642-3953

https://kinoshitaseian.com/

道具写真協力／遠藤商事株式会社

https://www.endoshoji.co.jp/

# 究極のあんこを炊く
## 職人技と調理科学の融合


発行　2024年11月20日 初版第1刷発行
　　　2025年 4 月10日 初版第2刷発行

実験・検証・菓子作製・文　芝崎本実
発行者　香川明夫
発行所　女子栄養大学出版部
〒170-8481 東京都豊島区駒込3- 24-3
電話 03-3918-5411（販売）
03-3918-5301（編集）
URL https://eiyo21.com/

印刷・製本 シナノ印刷株式会社




ISBN 978-4-7895-4839-7
C2077